AF206726

Impressum
Verlag: BABADADA GmbH, Nedderfeld 112 , 22529 Hamburg
Geschäftsführer / Verlagsleitung: Harald Hof
Druck: Books on Demand GmbH, In de Tarpen 42, 22848 Norderstedt

Imprint
Publisher: BABADADA GmbH, Nedderfeld 112 , 22529 Hamburg, Germany
Managing Director / Publishing direction: Harald Hof
Print: Books on Demand GmbH, In de Tarpen 42, 22848 Norderstedt

σχολείο

xue xiao

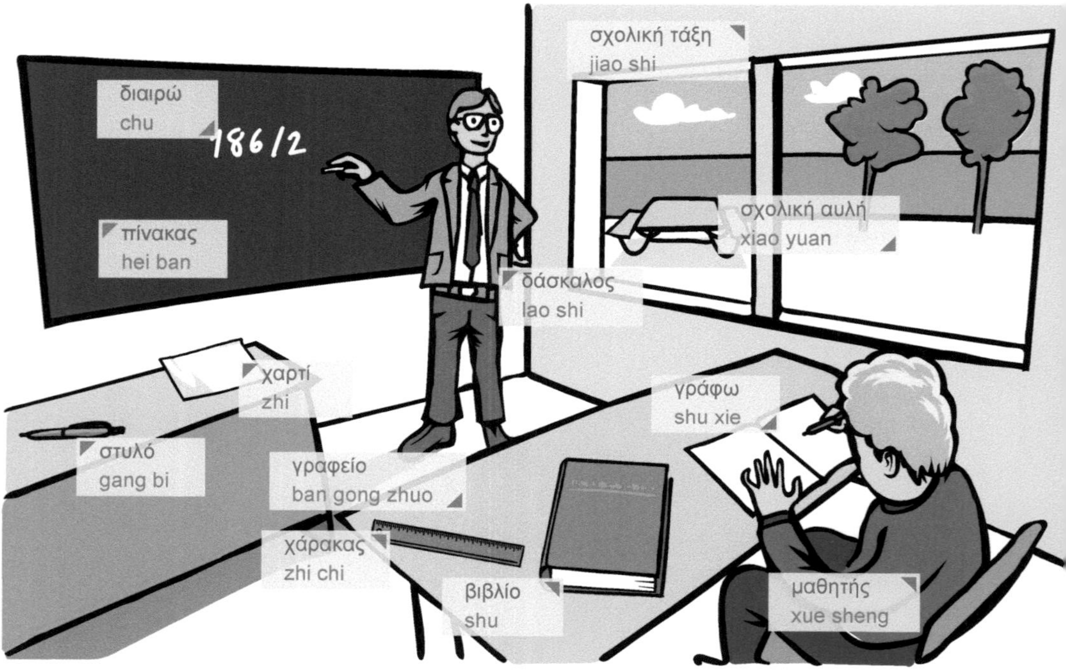

σχολική τάξη
jiao shi
διαιρώ
chu
186/2
πίνακας
hei ban
σχολική αυλή
xiao yuan
δάσκαλος
lao shi
χαρτί
zhi
γράφω
shu xie
στυλό
gang bi
γραφείο
ban gong zhuo
χάρακας
zhi chi
βιβλίο
shu
μαθητής
xue sheng

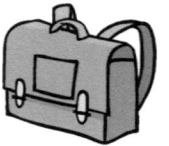

σχολική τσάντα

shu bao

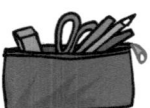

κασετίνα/ μολυβοθήκη

qian bi he

μολύβι

qian bi

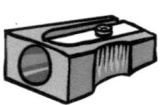

ξύστρα

juan bi dao

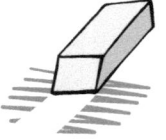

γόμα

xiang pi ca

μπλοκ ζωγραφικής

hua ban

ζωγραφική
tu hua

πινέλο
hua bi

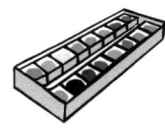

κουτί χρωμάτων
yan liao he

ψαλίδι
jian dao

κόλλα
jiao shui

τετράδιο ασκήσεων
lian xi ce

εργασία για το σπίτι
jia ting zuo ye

αριθμός
shu zi

προσθέτω
jia

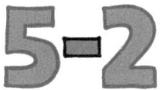

αφαιρώ
jian

πολλαπλασιάζω
cheng

υπολογίζω
ji suan

γράμμα
zi mu

αλφάβητο
zi mu biao

λέξη
zi

κείμενο

ke wen

διαβάζω

du

κιμωλία

fen bi

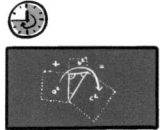

μάθημα

shang ke

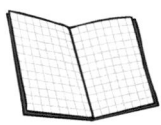

εγγράφομαι

deng ji

τεστ

kao shi

πιστοποιητικό

zheng shu

μαθητική στολή

xiao fu

εκπαίδευση

jiao yu

εγκυκλοπαίδεια

bai ke quan shu

πανεπιστήμιο

da xue

μικροσκόπιο

xian wei jing

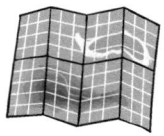

χάρτης

di tu

καλάθι αχρήστων

fei zhi kuang

ταξίδι
lü xing

ξενοδοχείο
jiu dian
Grand
ξενώνας
qing nian lü xing she
ανταλλακτήρια συναλλάγματος
wai bi dui huan chu
βαλίτσα
shou ti xiang
αυτοκίνητο
qi che

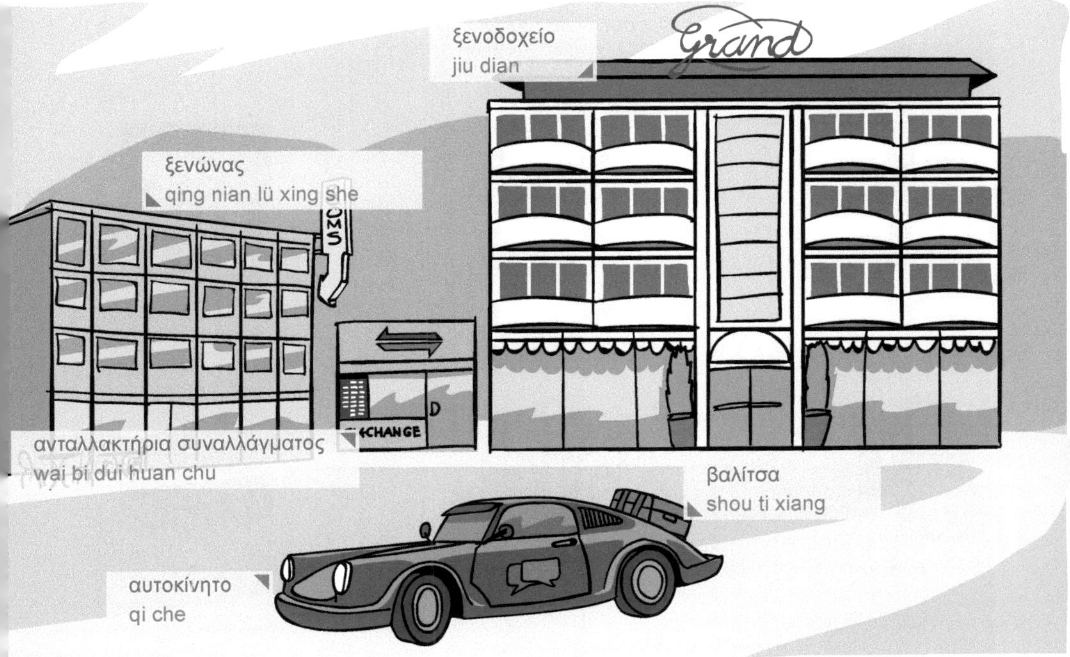

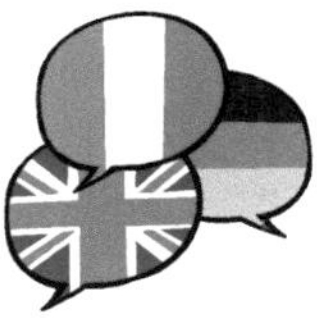

γλώσσα

yu yan

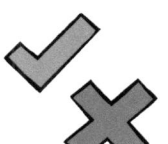

ναι / όχι

shi/fou

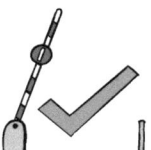

εντάξει

hao de

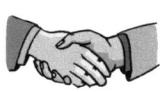

γεια σου

nin hao

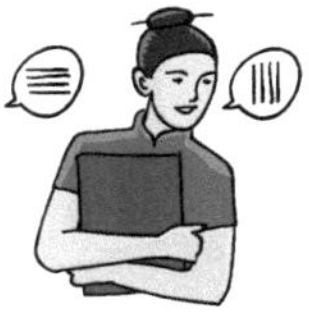

μεταφραστής

fan yi yuan

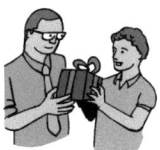

Ευχαριστώ

xie xie

πόσο κάνει ;

......duo shao qian?

Δε καταλαβαίνω

wo bu ming bai

πρόβλημα

wen ti

Καλησπέρα!

wan shang hao!

Καλημέρα!

zao shang hao!

Καληνύχτα!

wan an!

Αντίο

zai jian

κατεύθυνση

fang xiang

αποσκευές

xing li

τσάντα

bao

σακίδιο πλάτης

shuang jian bao

καλεσμένος

ke ren

δωμάτιο

fang jian

υπνόσακος

shui dai

σκηνή

zhang peng

ταξίδι - lü xing

τουριστικές πληροφορίες

lü you xin xi

παραλία

hai tan

πιστωτική κάρτα

xin yong ka

πρωινό

zao can

μεσημεριανό

wu can

δείπνο

wan can

εισιτήριο

piao

ανελκυστήρας

dian ti

γραμματόσημο

you piao

σύνορα

bian jie

τελωνείο

hai guan

πρεσβεία

da shi guan

βίζα

qian zheng

διαβατήριο

hu zhao

μεταφορά

jiao tong yun shu

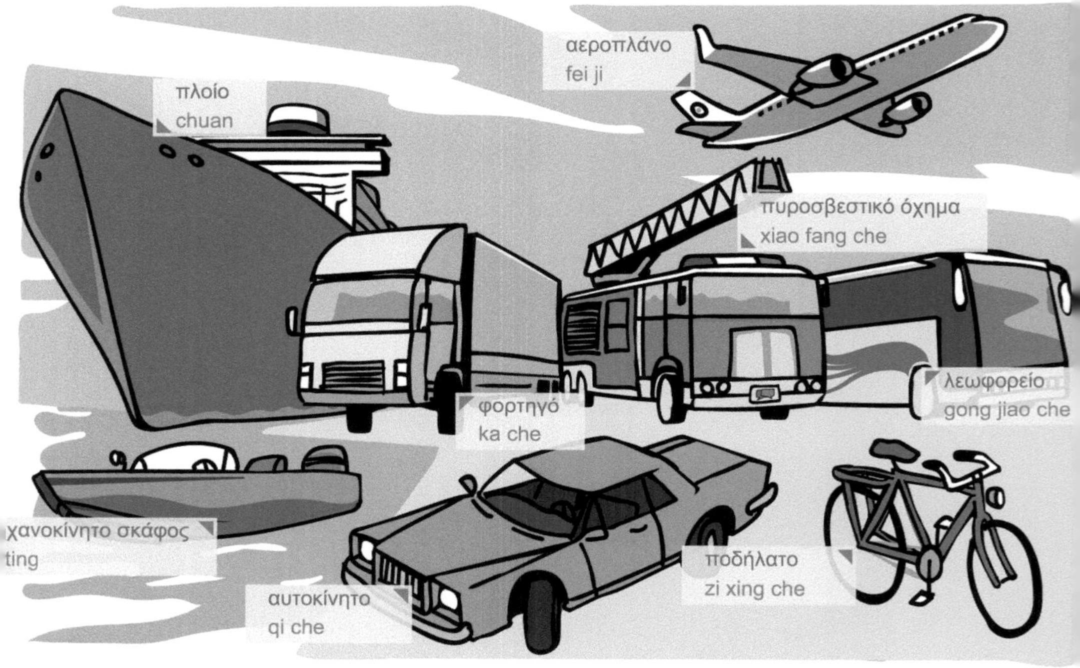
αεροπλάνο
fei ji
πλοίο
chuan
πυροσβεστικό όχημα
xiao fang che
λεωφορείο
gong jiao che
φορτηγό
ka che
χανοκίνητο σκάφος
ting
ποδήλατο
zi xing che
αυτοκίνητο
qi che

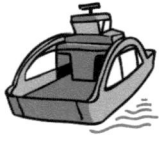

φεριμπότ

bai du chuan

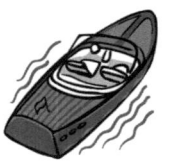

βάρκα

xiao chuan

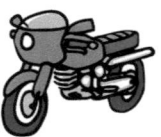

μοτοσικλέτα

mo tuo che

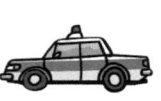

περιπολικό

jing che

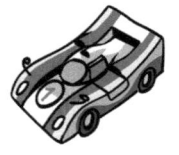

αγωνιστικό αυτοκίνητο

sai che

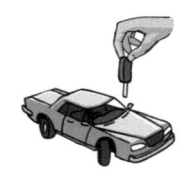

ενοικιαζόμενο αυτοκίνητο

zu che

διαμοιρασμός αυτοκινήτων

pin che

γερανός

tuo che

απορριμματοφόρο

la ji che

κινητήρας

fa dong ji

καύσιμο

qi you

βενζινάδικο

jia you zhan

πινακίδα σήμανσης

jiao tong biao zhi

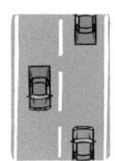

κυκλοφορία

jiao tong

κυκλοφοριακή συμφόρηση

jiao tong du sai

χώρος στάθμευσης

ting che chang

σιδηροδρομικός σταθμός

huo che zhan

σιδηροδρομικές γραμμές

gui dao

τρένο

huo che

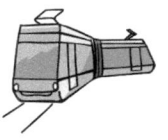

τραμ

dian che

βαγόνι

huo che

ελικόπτερο

zhi sheng ji

αεροδρόμιο

ji chang

πύργος

ta

επιβάτης

cheng ke

εμπορευματοκιβώτιο

ji zhuang xiang

χαρτοκιβώτιο

zhi ban xiang

καρότσι

shou tui che

καλάθι

lan zi

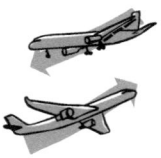

απογειώνομαι /
προσγειόνομαι

qi fei/jiang luo

πόλη
cheng shi

χωριό

cun zhuang

κέντρο της πόλης

shi zhong xin

σπίτι

fang zi

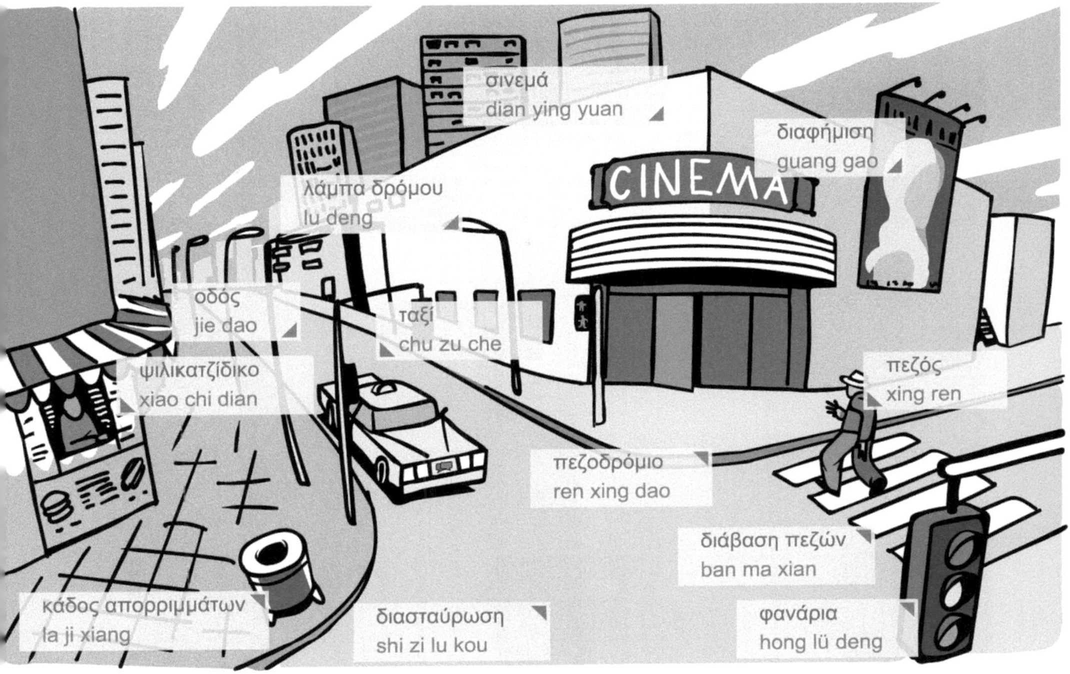

σινεμά
dian ying yuan

διαφήμιση
guang gao

λάμπα δρόμου
lu deng

CINEMA

οδός
jie dao

ταξί
chu zu che

ψιλικατζίδικο
xiao chi dian

πεζός
xing ren

πεζοδρόμιο
ren xing dao

διάβαση πεζών
ban ma xian

κάδος απορριμμάτων
la ji xiang

διασταύρωση
shi zi lu kou

φανάρια
hong lü deng

καλύβα
xiao wu

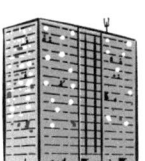

διαμέρισμα
gong yu

σιδηροδρομικός σταθμός
huo che zhan

δημαρχείο
shi zheng ting

μουσείο
bo wu guan

σχολείο
xue xiao

πανεπιστήμιο

da xue

τράπεζα

yin hang

νοσοκομείο

yi yuan

ξενοδοχείο

jiu dian

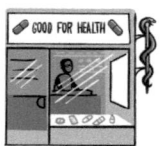

φαρμακείο

yao fang

γραφείο

ban gong shi

βιβλιοπωλείο

shu dian

κατάστημα

shang dian

ανθοπωλείο

hua dian

σούπερ μάρκετ

chao shi

αγορά

shi chang

πολυκατάστημα

bai huo shang dian

ιχθυοπωλείο

yu dian

εμπορικό κέντρο

gou wu zhong xin

λιμάνι

hai gang

πάρκο
gong yuan

παγκάκι
chang deng

γέφυρα
qiao

σκάλες
lou ti

μετρό
di tie

τούνελ
sui dao

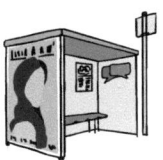

στάση λεωφοοείου
gong jiao che zhan

μπαρ
jiu ba

εστιατόριο
can guan

γραμματοκιβώτιο
you tong

πινακίδα δρόμου
lu biao

παρκόμετρο
ting che ji shi qi

ζωολογικός κήπος
dong wu yuan

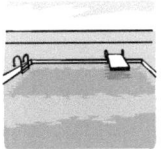

πισίνα
you yong guan

τζαμί
qing zhen si

πόλη - cheng shi

αγρόκτημα
nong chang

ρύπανση
wu ran

νεκροταφείο
mu di

εκκλησία
jiao tang

παιδική χαρά
cao chang

ναός
si miao

τοπίο
di xing

φύλλο
shu ye

πινακίδα κατεύθυνσης
zhi shi pai

δρόμος
lu

λιβάδι
cao di

πέτρα
shi tou

δέντρο
shu

πεζοπόρος
tu bu lü xing zhe

ποτάμι
he

χορτάρι
cao

λουλούδι
hua

κοιλάδα

xia gu

λόφος

shan

λίμνη

hu

δάσος

sen lin

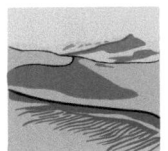

έρημος

sha mo

ηφαίστειο

huo shan

κάστρο

cheng bao

ουράνιο τόξο

cai hong

μανιτάρι

mo gu

φοίνικας

zong lü shu

κουνούπι

wen zi

μύγα

cang ying

μυρμήγκι

ma yi

μέλισσα

mi feng

αράχνη

zhi zhu

τοπίο - di xing

σκαθάρι

jia chong

βάτραχος

qing wa

σκίουρος

song shu

σκαντζόχοιρος

ci wei

λαγός

ye tu

κουκουβάγια

mao tou ying

πουλί

niao

κύκνος

tian e

αγριογούρουνο

ye zhu

ελάφι

lu

άλκη

mi lu

φράγμα

shui ba

ανεμογεννήτρια

feng li fa dian ji

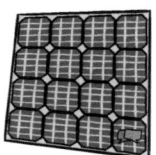

ηλιακός συλλέκτης

tai yang neng dian chi ban

κλίμα

qi hou

εστιατόριο
can guan

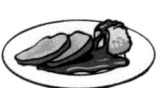

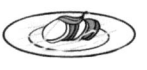

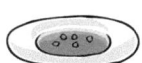

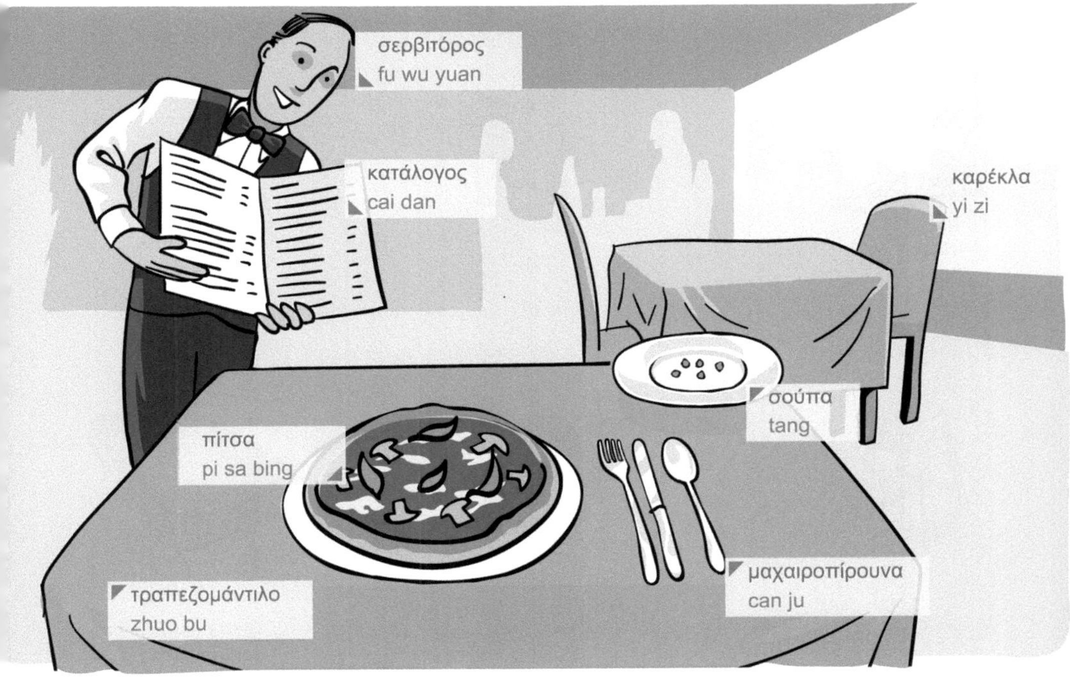

σερβιτόρος
fu wu yuan
κατάλογος
cai dan
καρέκλα
yi zi
σούπα
tang
πίτσα
pi sa bing
μαχαιροπίρουνα
can ju
τραπεζομάντιλο
zhuo bu

ορεκτικό

qian cai

κύριο πιάτο

zhu cai

επιδόρπιο

tian dian

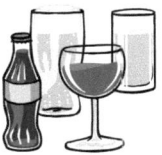

ποτά

yin liao

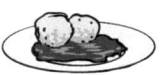

φαγητό

shi wu

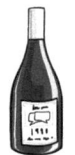

μπουκάλι

ping zi

φαστ φουντ

kuai can

φαγητό στ' όρθιο

jie bian xiao chi

τσαγιέρα

cha hu

δοχείο ζάχαρης

tang he

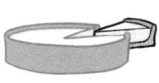

μερίδα

yi fen fan cai

μηχανή εσπρέσο

yi shi ka fei ji

ψηλή καρέκλα

gao jiao yi

λογαριασμός

zhang dan

δίσκος

tuo pan

μαχαίρι

dao

πιρούνι

can cha

κουτάλι

shao zi

κουταλάκι του τσαγιού

cha chi

πετσέτα φαγητού

can jin

ποτήρι

bo li bei

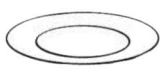

πιάτο

die zi

πιάτο σούπας

tang pan

πιατάκι φλιτζανιού

die zi

σάλτσα

jiang

αλατιέρα

yan ping

μύλος για πιπέρι

hu jiao mo

ξύδι

cu

λάδι

shi yong you

μπαχαρικά

tiao wei liao

κέτσαπ

fan qie jiang

μουστάρδα

jie mo

μαγιονέζα

dan huang jiang

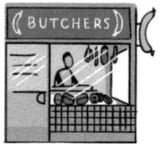

σούπερ μάρκετ
chao shi

προσφορά
te jia
FOR
πελάτης
gu ke
γαλακτοκομικά προϊόντα
ru zhi pin
φρούτα
shui guo
καρότσι για ψώνια
gou wu che

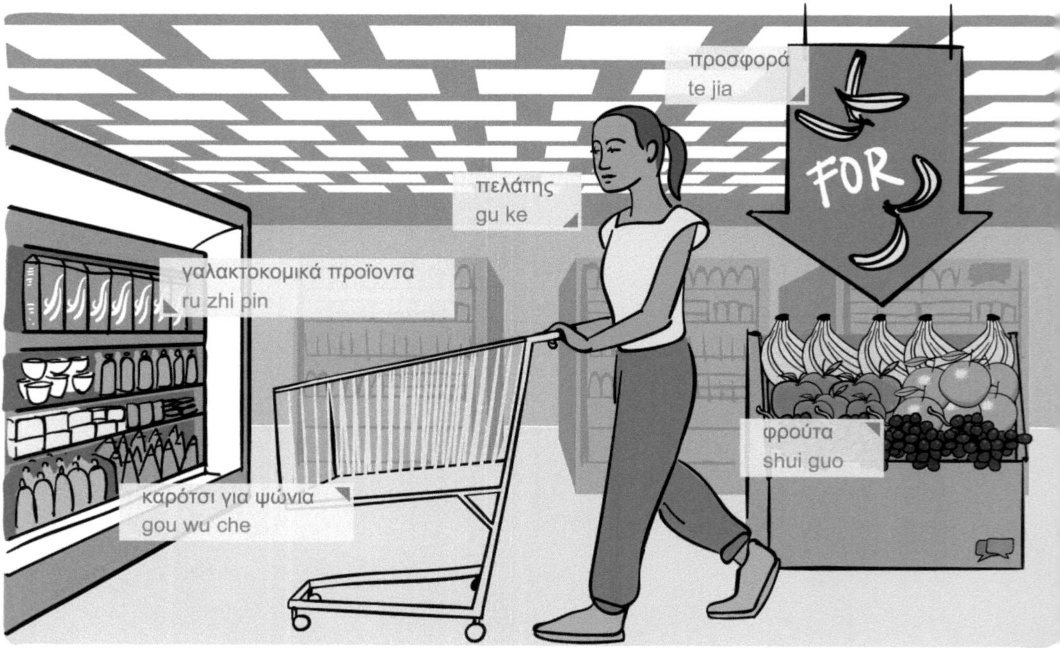

BUTCHERS

κρεοπωλείο

rou pu

BAKERY

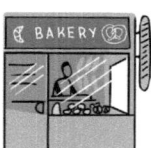

φούρνος

mian bao fang

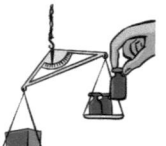

ζυγίζω

cheng zhong

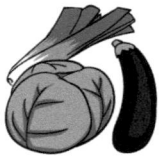

λαχανικά

shu cai

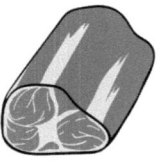

κρέας

rou

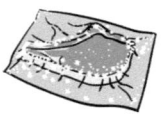

κατεψυγμένα τρόφιμα

leng dong shi pin

αλλαντικά

leng pan

κονσερβοποιημένη τροφή

guan tou shi pin

απορρυπαντικό ρούχων

xi yi fen

γλυκά

tian shi

οικιακά είδη

ri yong pin

καθαριστικά προϊόντα

qing jie yong pin

πωλήτρια

xiao shou yuan

ταμείο

shou yin ji

ταμίας

shou yin yuan

λίστα για ψώνια

gou wu qing dan

ωράριο λειτουργίας

kai fang shi jian

πορτοφόλι

qian bao

πιστωτική κάρτα

xin yong ka

τσάντα

dai zi

πλαστική σακούλα

su liao dai

νερό

shui

χυμός

guo zhi

γάλα

niu nai

κόκα κόλα

ke le

κρασί

hong jiu

μπίρα

pi jiu

αλκοόλ

jiu

κακάο

ke ke

τσάι

cha

καφές

ka fei

εσπρέσο

yi shi nong suo ka fei

καπουτσίνο

ka bu qi nuo

μπανάνα

xiang jiao

μήλο

ping guo

πορτοκάλι

cheng zi

πεπόνι

xi gua

λεμόνι

ning meng

καρότο

hu luo bo

σκόρδο

da suan

μπαμπού

zhu zi

κρεμμύδι

yang cong

μανιτάρι

mo gu

ξηροί καρποί

jian guo

νουντλς

mian tiao

μακαρόνια

yi da li mian tiao

ρύζι

mi fan

σαλάτα

sha la

πατατάκια

shu tiao

τηγανητές πατάτες

zha tu dou

πίτσα

pi sa bing

χάμπουργκερ

han bao bao

σάντουιτς

san ming zhi

κοτολέτα

zha zhu pai

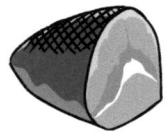

ζαμπόν

huo tui

σαλάμι

sa la mi

λουκάνικο

xiang chang

κοτόπουλο

ji rou

ψητό

kao rou

ψάρι

yu

χυλός βρώμης

yan mai pian

μούσλι

mu zi li

κορν φλέικς

yu mi pian

αλεύρι

mian fen

κρουασάν

yang jiao mian bao

ψωμάκι

mian bao juan

ψωμί

mian bao

τοστ

kao mian bao

μπισκότα

bing gan

βούτυρο

huang you

τυρόπηγμα

ning ru

κέικ

dan gao

αυγό

dan

τηγανητό αυγό

jian dan

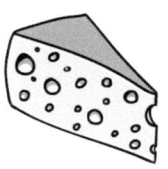

τυρί

nai lao

παγωτό

bing ji lin

ζάχαρη

tang

μέλι

feng mi

μαρμελάδα

guo jiang

άλλειμμα σοκολάτας

qiao ke li jiang

κάρυ

ga li fan

αγρόκτημα

nong chang

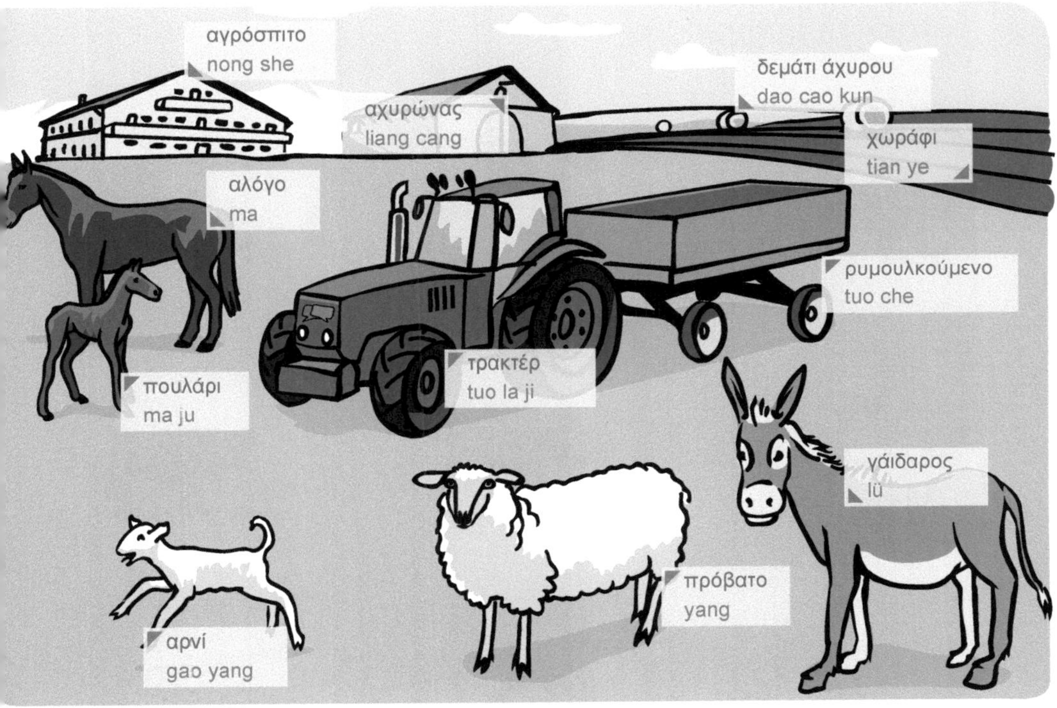

αγρόσπιτο
nong she
αχυρώνας
liang cang
δεμάτι άχυρου
dao cao kun
χωράφι
tian ye
αλόγο
ma
ρυμουλκούμενο
tuo che
πουλάρι
ma ju
τρακτέρ
tuo la ji
γάιδαρος
lü
πρόβατο
yang
αρνί
gao yang

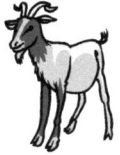

κατσίκα

shan yang

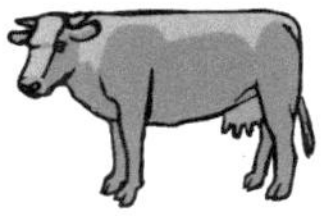

αγελάδα

nai niu

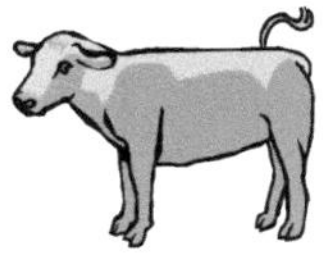

μοσχαράκι

niu du

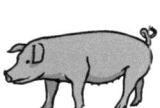

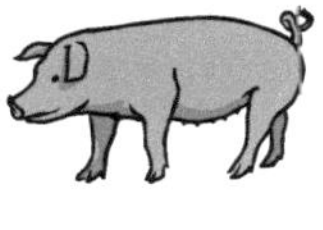

γουρούνι

zhu

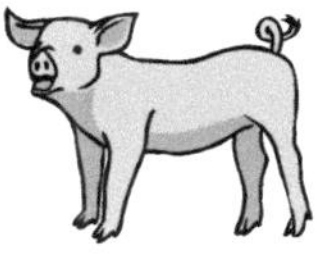

γουρουνάκι

xiao zhu

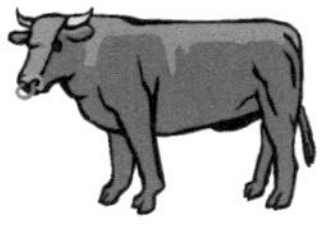

ταύρος

gong niu

χήνα
e

πάπια
ya

κοτοπουλάκι
xiao ji

κότα
mu ji

κόκορας
gong ji

αρουραίος
shu

γάτα
mao

ποντίκι
lao shu

βόδι
niu

σκύλος
gou

σπιτάκι σκύλου
gou wu

λάστιχο κήπου
hua yuan jiao shui ruan guan

ποτιστήρι
sa shui hu

θεριστήρι
chang bing da lian dao

αλέτρι
li

αγρόκτημα - nong chang

δρεπάνι

lian dao

τσάπα

chu tou

δίκρανο

chang bing cao pa

τσεκούρι

fu tou

χειράμαξα

du lun shou tui che

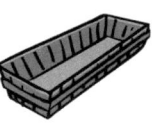

ταΐστρα

si liao cao

δοχείο γάλακτος

niu nai guan

σάκος

ma bu dai

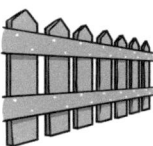

φράχτης

zha lan

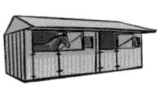

στάβλος

ma jiu

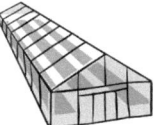

θερμοκήπιο

wen shi

έδαφος

tu rang

σπόρος

zhong zi

λίπασμα

fei liao

θεριζοαλωνιστική μηχανή

lian he shou ge ji

θερίζω

shou ge

συγκομιδή

shou ge

γιαμς

shan yao

σιτάρι

xiao mai

σόγια

da dou

πατάτα

tu dou

καλαμπόκι

yu mi

κράμβη

you cai zi

οπωροφόρο δέντρο

guo shu

μανιόκα

shu shu

δημητριακά

gu wu

σπίτι
fang zi

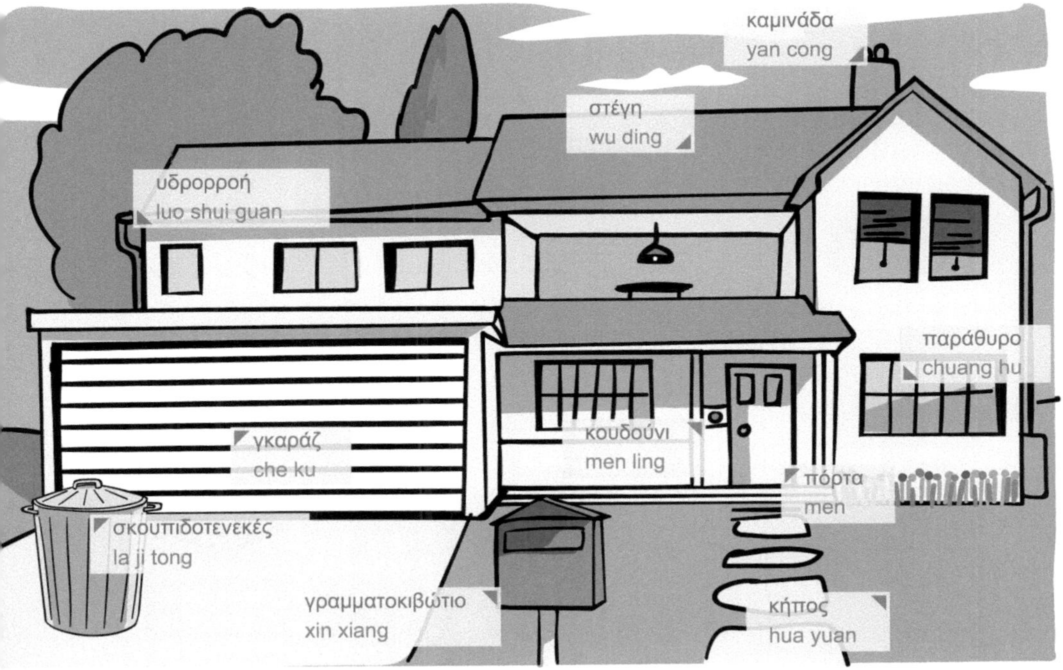
καμινάδα
yan cong
στέγη
wu ding
υδρορροή
luo shui guan
παράθυρο
chuang hu
γκαράζ
che ku
κουδούνι
men ling
πόρτα
men
σκουπιδοτενεκές
la ji tong
γραμματοκιβώτιο
xin xiang
κήπος
hua yuan

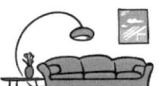

σαλόνι

ke ting

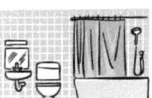

μπάνιο

yu shi

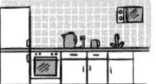

κουζίνα

chu fang

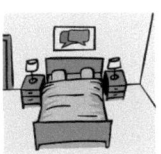

υπνοδωμάτιο

wo shi

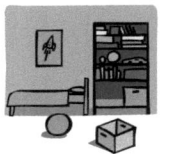

παιδικό δωμάτιο

er tong fang

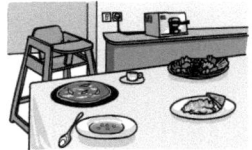

τραπεζαρία

can ting

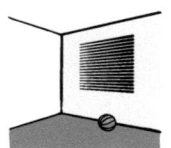

πάτωμα
di ban

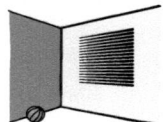

τοίχος
qiang bi

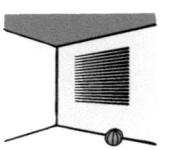

οροφή
diao ding

κελάρι
di jiao

σάουνα
sang na

μπαλκόνι
yang tai

βεράντα
lu tai

πισίνα
you yong chi

μηχανή του γκαζόν
ge cao ji

σεντόνι
bei dan

κάλυμμα κρεβατιού
chuang zhao

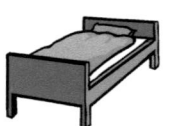

κρεβάτι
chuang

σκούπα
sao zhou

κουβάς
shui tong

διακόπτης
kai guan

σαλόνι

ke ting

ταπετσαρία
bi zhi
φωτογραφία
zhao pian
λάμπα
tai deng
ράφι
ge jia
ντουλάπι
chu gui
τηλεόραση
dian shi ji
τζάκι
bi lu
λουλούδι
hua
μαξιλάρι
dian zi
καναπές
sha fa
βάζο
hua ping
τηλεκοντρόλ
yao kong qi

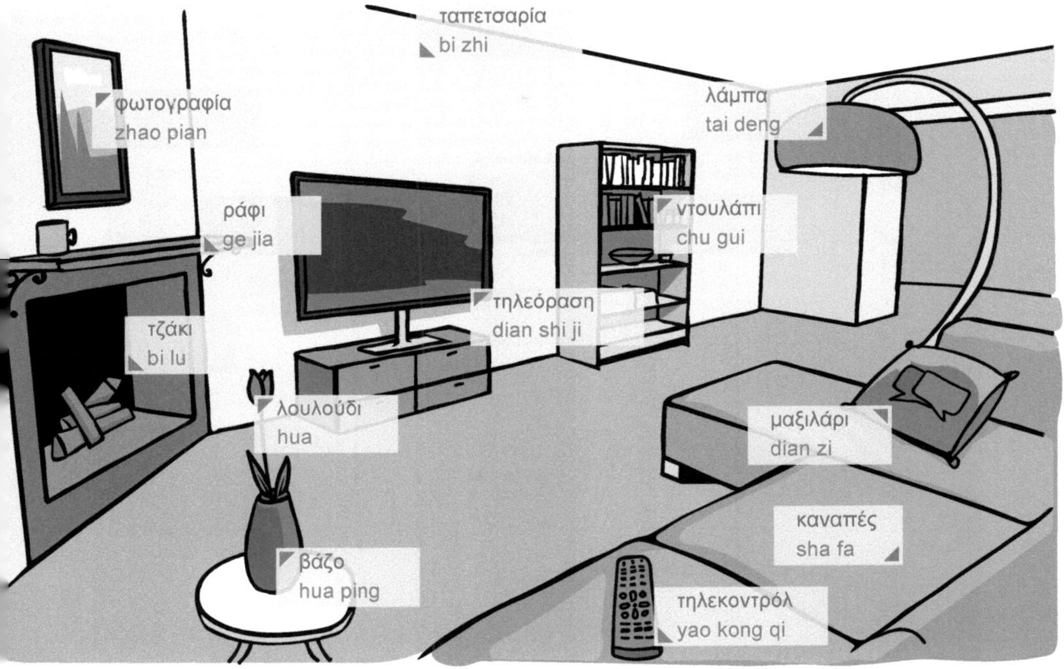

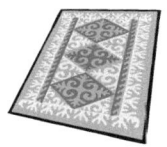

χαλί

di tan

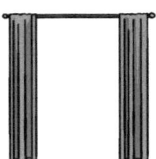

κουρτίνα

chuang lian

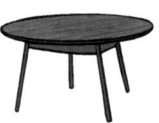

τραπέζι

can zhuo

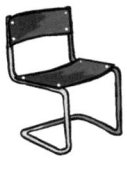

καρέκλα

yi zi

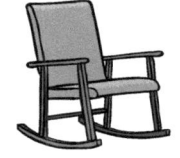

κουνιστή πολυθρόνα

yao yi

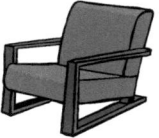

πολυθρόνα

fu shou yi

βιβλίο

shu

κουβέρτα

tan zi

διακόσμηση

zhuang shi pin

καυσόξυλα

mu chai

ταινία

dian ying

στερεοφωνικό σύστημα

gao bao zhen yin xiang

κλειδί

yao shi

εφημερίδα

bao zhi

πίνακας ζωγραφικής

you hua

αφίσα

hai bao

ραδιόφωνο

shou yin ji

σημειωματάριο

bi ji ben

ηλεκτρική σκούπα

xi chen qi

κάκτος

xian ren zhang

κερί

la zhu

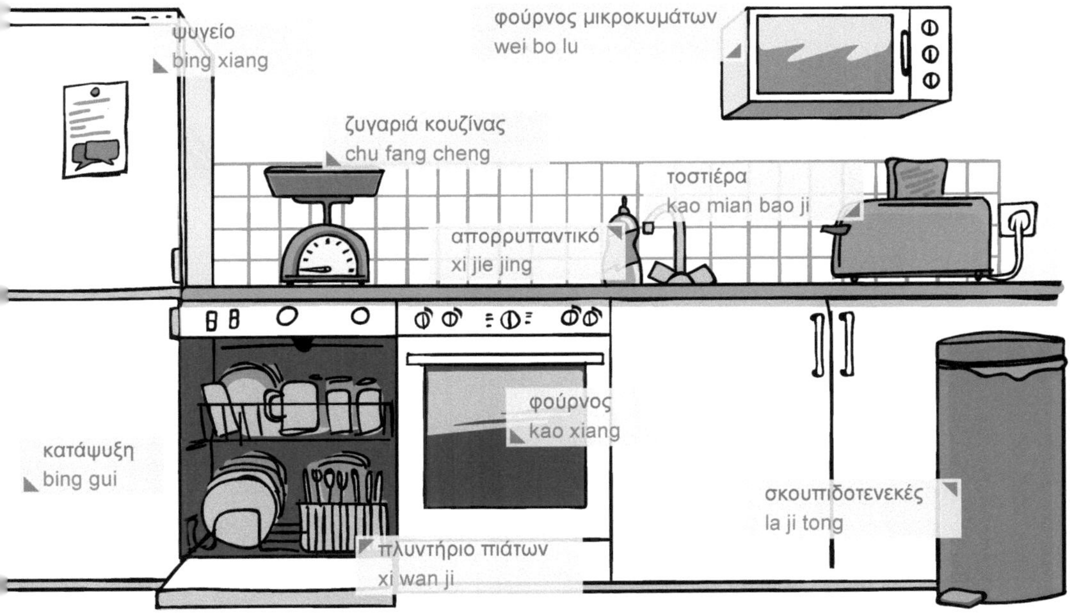

φούρνος μικροκυμάτων
wei bo lu

ψυγείο
bing xiang

ζυγαριά κουζίνας
chu fang cheng

τοστιέρα
kao mian bao ji

απορρυπαντικό
xi jie jing

φούρνος
kao xiang

κατάψυξη
bing gui

σκουπιδοτενεκές
la ji tong

πλυντήριο πιάτων
xi wan ji

κουζίνα

chui ju

κατσαρόλα

guo

μαντεμένια κατσαρόλα

zhu tie guo

γουόκ/καντάι

sha guo

τηγάνι

ping di guo

βραστήρας

shui hu

ατμομάγειρας

zheng guo

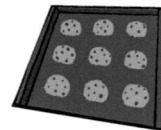

ταψί

kao pan

πιατικά

tao ci guo

κούπα

ma ke bei

μπολ

wan

ξυλάκια

kuai zi

κουτάλα

chang bing shao

σπάτουλα

chan zi

ανακατεύω

jiao ban qi

σουρωτήρι

lü wang

σουρωτηράκι

shai zi

τρίφτης

mo sui ji

γουδί

yan bo

ψησταριά

shao kao

ανοιχτή φωτιά

ming huo

σανίδα κοπής

cai ban

πλάστης

gan mian zhang

ανοιχτήρι φελλών

kai ping qi

κονσέρβα

guan zi

ανοιχτήρι κονσέρβας

kai ping qi

γάντι φούρνου

ge re shou tao

νεροχύτης

shui cao

βούρτσα

shua zi

σφουγγάρι

hai mian

μπλέντερ

jiao ban ji

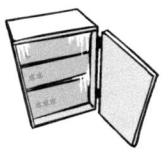

καταψύκτης

leng cang xiang

μπιμπερό

nai ping

βρύση

shui long tou

μπάνιο
yu shi

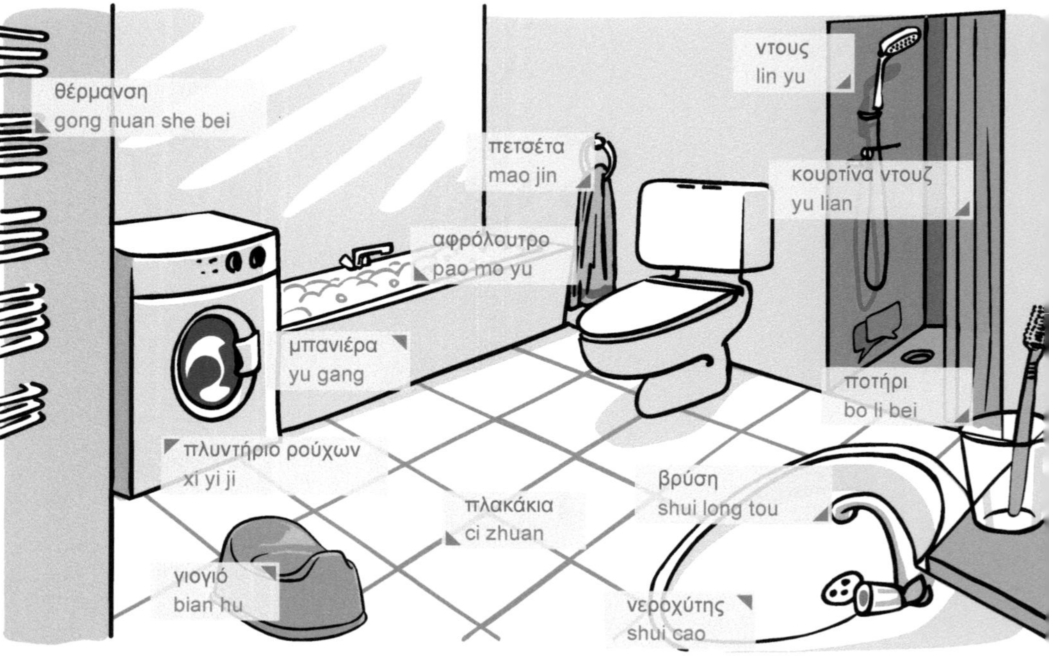

θέρμανση
gong nuan she bei
πετσέτα
mao jin
ντους
lin yu
κουρτίνα ντουζ
yu lian
αφρόλουτρο
pao mo yu
μπανιέρα
yu gang
ποτήρι
bo li bei
πλυντήριο ρούχων
xi yi ji
βρύση
shui long tou
πλακάκια
ci zhuan
γιογιό
bian hu
νεροχύτης
shui cao

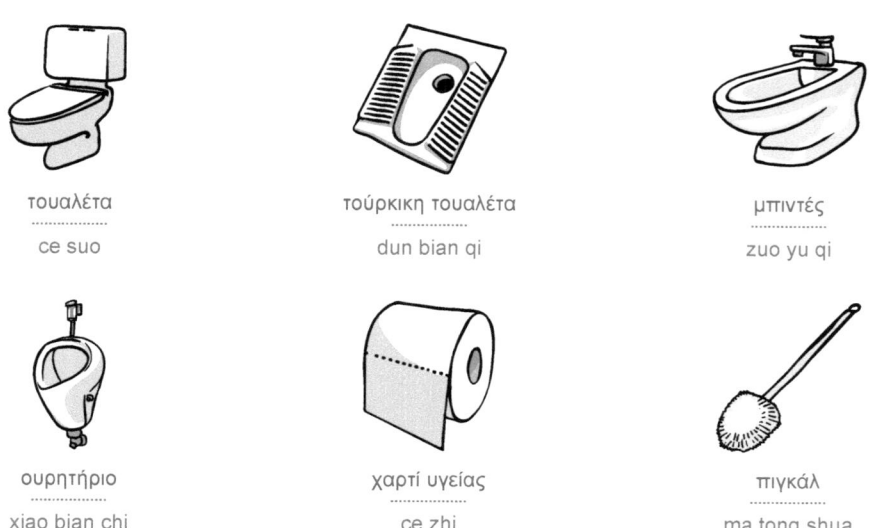

τουαλέτα

ce suo

τούρκικη τουαλέτα

dun bian qi

μπιντές

zuo yu qi

ουρητήριο

xiao bian chi

χαρτί υγείας

ce zhi

πιγκάλ

ma tong shua

οδοντόβουρτσα

ya shua

οδοντόκρεμα

ya gao

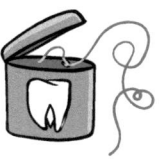

οδοντικό νήμα

ya xian

πλένω

xi

τηλέφωνο ντους

shou chi shi pen lin tou

ντουσιέρα

chong xi qi

λεκάνη

xi lian pen

βούρτσα πλάτης

ca bei shua

σαπούνι

fei zao

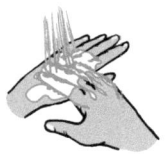

αφρόλουτρο

mu yu lu

σαμπουάν

xi fa shui

φανέλα

fa lan rong

σιφόνι

pai shui

κρέμα

ru shuang

αποσμητικό

chu chou ji

καθρέφτης

jing zi

καθρέφτης χειρός

shou jing

ξυραφάκι

ti xu dao

αφρός ξυρίσματος

ti xu pao mo

αφτερσέιβ

xu hou shui

χτένα

shu zi

βούρτσα

shua zi

σεσουάρ

chui feng ji

λακ

pen fa ding xing ji

μακιγιάζ

hua zhuang pin

κραγιόν

chun gao

βερνίκι νυχιών

zhi jia you

βαμβάκι

hua zhuang mian

ψαλίδι νυχιών

zhi jia jian

άρωμα

xiang shui

νεσεσέρ

xi shu bao

σκαμπό

deng zi

ζυγαριά

ji zhong cheng

μπουρνούζι

yu pao

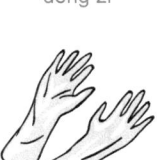

ελαστικά γάντια

xiang jiao shou tao

ταμπόν

wei sheng mian tiao

πετσέτα υγιεινής

wei sheng jin

χημική τουαλέτα

hua xue ce suo

παιδικό δωμάτιο

er tong fang

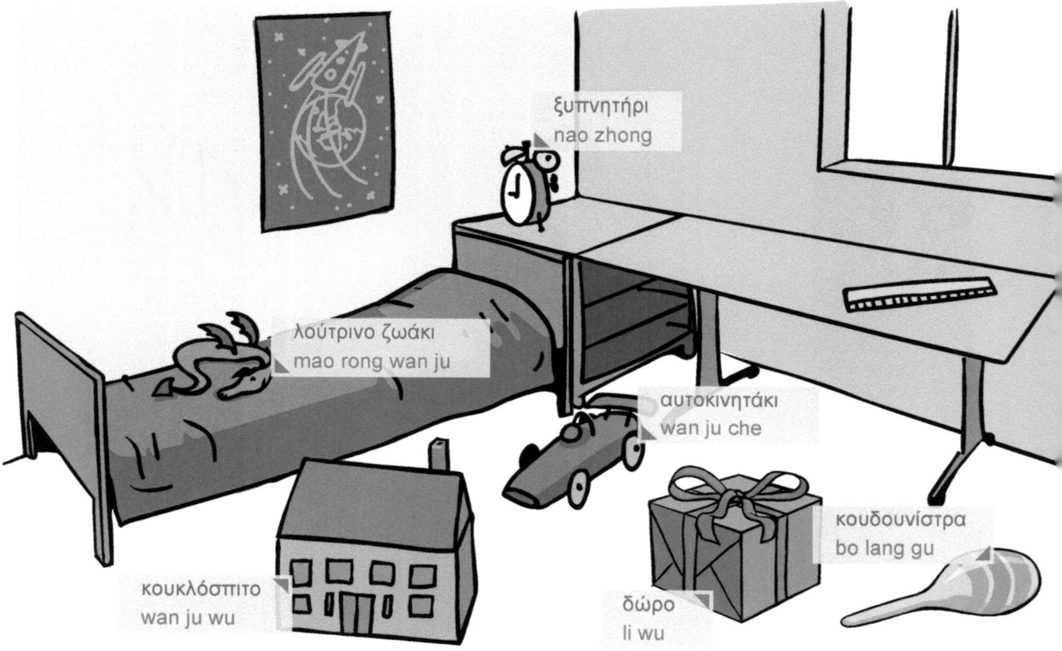

ξυπνητήρι
nao zhong
λούτρινο ζωάκι
mao rong wan ju
αυτοκινητάκι
wan ju che
κουδουνίστρα
bo lang gu
κουκλόσπιτο
wan ju wu
δώρο
li wu

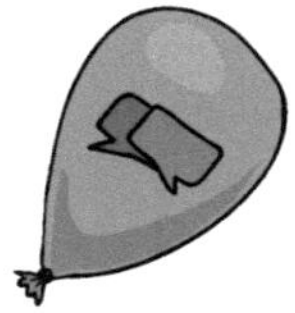

μπαλόνι

qi qiu

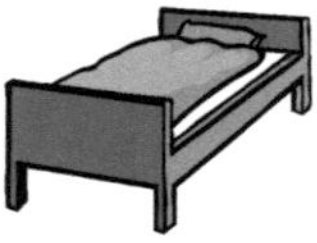

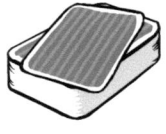

κρεβάτι

chuang

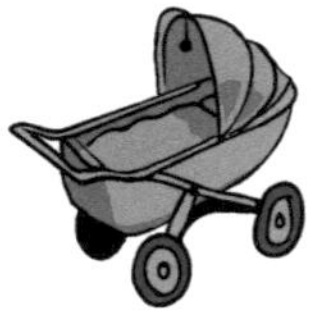

καροτσάκι

(yang wa wa yong)ying er che

τράπουλα

pu ke pai

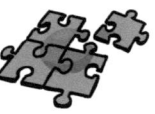

παζλ

pin tu

κόμικς

man hua

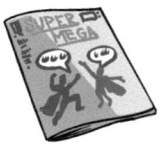

τουβλάκια lego

le gao ji mu

τουβλάκια κατασκευών

ji mu wan ju

φιγούρα δράσης

wan ju ren

βρεφικό φορμάκι

ying er fu

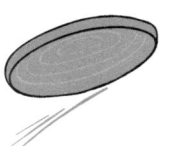

φρίσμπι

fei pan

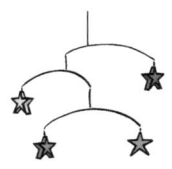

μόμπιλο

chuang ling wan ju

επιτραπέζιο παιχνίδι

qi pan you xi

ζάρια

shai zi

σετ τρενάκι

huo che mo xing

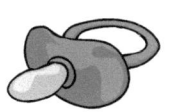

πιπίλα

an fu nai zui

πάρτι

ju hui

εικονογραφημένο βιβλίο

hui ben

μπάλα

qiu

κούκλα

yang wa wa

παίζω

wan

σκάμμα με άμμο

sha keng

κούνια

qiu qian

παιχνίδια

wan ju

κονσόλα βιντεοπαιχνιδιών

you xi ji

τρίκυκλο

san lun che

αρκουδάκι

tai di xiong

ντουλάπα

yi chu

ρούχα

yi fu

κάλτσες

wa zi

καλτσοδέτες

chang wa

καλσόν

jin shen ku

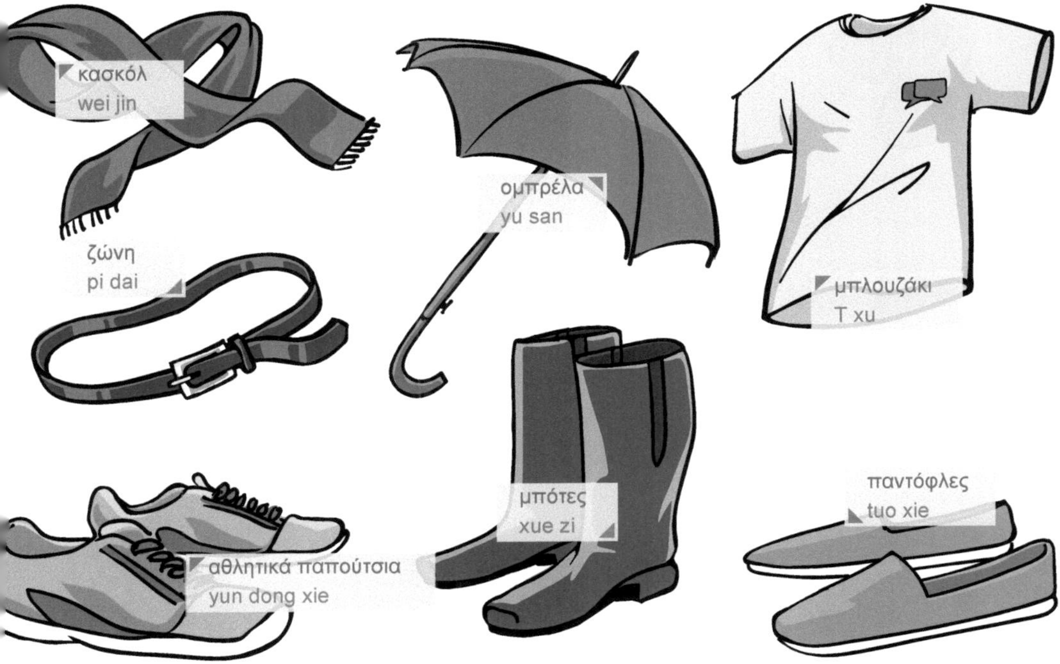

κασκόλ
wei jin

ζώνη
pi dai

ομπρέλα
yu san

μπλουζάκι
T xu

μπότες
xue zi

παντόφλες
tuo xie

αθλητικά παπούτσια
yun dong xie

σανδάλια
liang xie

παπούτσια
xie

γαλότσες
yu xue

εσώρουχο
nei ku

σουτιέν
xiong zhao

φανέλα
bei xin

ρούχα - yi fu

σώμα

shen ti

παντελόνι

ku zi

τζιν παντελόνι

niu zai ku

φούστα

duan qun

μπλούζα

nü shi chen shan

πουκάμισο

chen shan

πουλόβερ

tao tou shan

πουλόβερ

wei yi

σακάκι

xi zhuang jia ke

μπουφάν

jia ke

παλτό

wai tao

αδιάβροχο πανωφόρι

yu yi

κοστούμι

tao zhuang

φόρεμα

lian yi qun

νυφικό

hun sha

κοστούμι
xi zhuang

νυχτικό
shui pao

πιτζάμες
shui yi

σάρι
sha li

μαντήλι
tou jin

τουρμπάνι
bao tou jin

μπούρκα
bo ka

καφτάνι
ka fu tan

μουσουλμανικό ένδυμα
(a la bo shi)chang pao

ολόσωμο μαγιό
yong yi

ανδρικό μαγιό
nan shi yong ku

σορτς
duan ku

αθλητική φόρμα
yun dong fu

ποδιά
wei qun

γάντια
shou tao

κουμπί

niu kou

γυαλιά

yan jing

βραχιόλι

shou lian

περιδέραιο

xiang lian

δαχτυλίδι

jie zhi

σκουλαρίκι

er huan

καπέλο

bian mao

κρεμάστρα

yi jia

καπέλο

mao zi

γραβάτα

ling dai

φερμουάρ

la lian

κράνος

tou kui

τιράντες

bei dai

μαθητική στολή

xiao fu

στολή

zhi fu

ρούχα - yi fu

σαλιάρα

wei dou

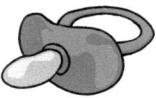

πιπίλα

an fu nai zui

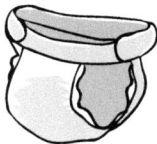

πάνα

niao bu shi

γραφείο
ban gong shi

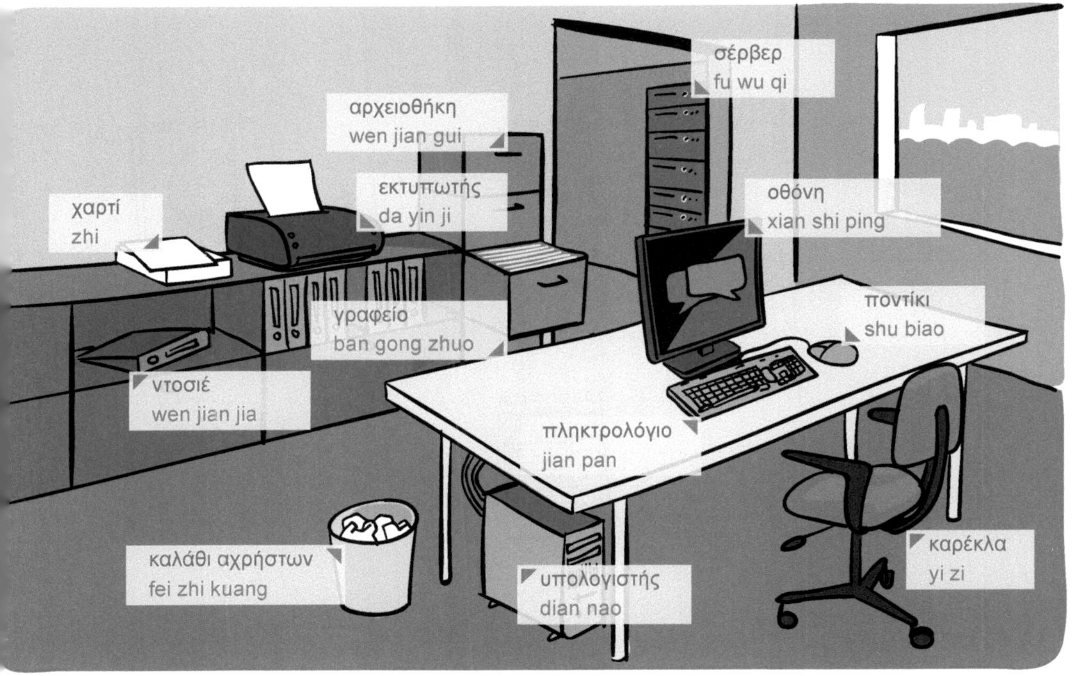

σέρβερ
fu wu qi

αρχειοθήκη
wen jian gui

εκτυπωτής
da yin ji

οθόνη
xian shi ping

χαρτί
zhi

γραφείο
ban gong zhuo

ποντίκι
shu biao

ντοσιέ
wen jian jia

πληκτρολόγιο
jian pan

καλάθι αχρήστων
fei zhi kuang

υπολογιστής
dian nao

καρέκλα
yi zi

κούπα του καφέ

ka fei bei

κομπιουτεράκι

ji suan qi

ίντερνετ

yin te wang

λάπτοπ

bi ji ben dian nao

γράμμα

xin jian

μήνυμα

xiao xi

κινητό

shou ji

δίκτυο

wang luo

φωτοτυπικό μηχάνημα

fu yin ji

λογισμικό

ruan jian

τηλέφωνο

dian hua

πρίζα

cha zuo

συσκευή φαξ

chuan zhen ji

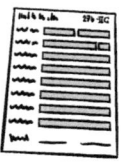

έντυπο

biao ge

έγγραφο

wen jian

αγοράζω

mai

πληρώνω

fu qian

συναλλάσσομαι

jiao yi

χρήματα

xian jin

 USD

δολάριο

mei yuan

 EUR

ευρώ

ou yuan

 JPY

γιεν

ri yuan

 RUB

ρούβλι

lu bu

 CHF

ελβετικό φράγκο

rui shi fa lang

 CNY

ρενμίνμπι γιουάν

ren min bi

 INR

ρουπία

lu bi

ATM (αυτόματη ταμειακή μηχανή)

ti kuan chu

ανταλλακτήρια
συναλλάγματος
wai bi dui huan chu

χρυσός
jin

ασήμι
yin

πετρέλαιο
shi you

ενέργεια
neng yuan

τιμή
jia ge

συμβόλαιο
he tong

φόρος
shui jin

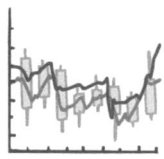

μετοχή
gu piao

δουλεύω
gong zuo

υπάλληλος
zhi yuan

εργοδότης
lao ban

εργοστάσιο
gong chang

κατάστημα
shang dian

επαγγέλματα
zhi ye

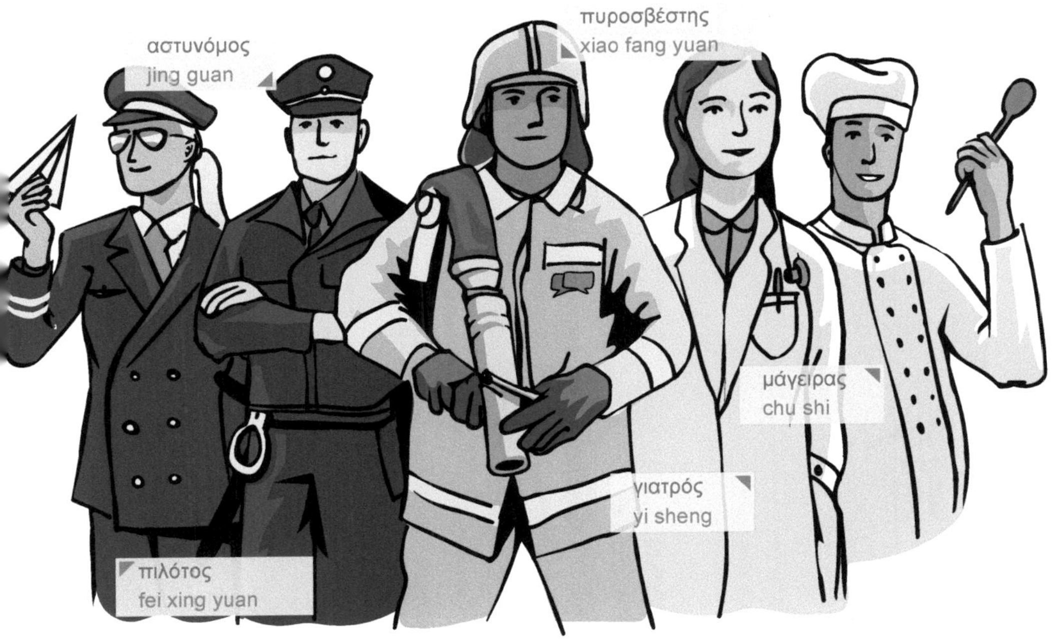

αστυνόμος
jing guan
πυροσβέστης
xiao fang yuan
μάγειρας
chu shi
γιατρός
yi sheng
πιλότος
fei xing yuan

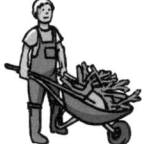

κηπουρός

yuan ding

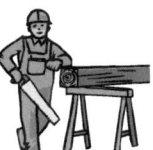

ξυλουργός

mu jiang

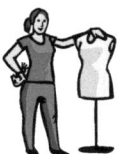

μοδίστρα

cai feng

δικαστής

fa guan

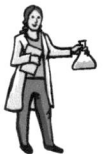

χημικός

hua xue jia

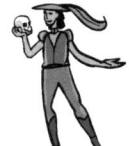

ηθοποιός

yan yuan

οδηγός λεωφορείου

gong jiao che si ji

ταξιτζής

chu zu che si ji

ψαράς

yu fu

καθαρίστρια

qing jie nü gong

τεχνίτης στεγών

wu ding gong

σερβιτόρος

fu wu yuan

κυνηγός

lie ren

ζωγράφος

hua jia

αρτοποιός

mian bao shi

ηλεκτρολόγος

dian gong

οικοδόμος

jian zhu gong ren

μηχανολόγος

gong cheng shi

κρεοπώλης

tu fu

υδραυλικός

shui guan gong

ταχυδρόμος

you di yuan

στρατιώτης

shi bing

αρχιτέκτονας

jian zhu shi

ταμίας

shou yin yuan

ανθοπώλης

hua nong

κομμωτής

li fa shi

ελεγκτής εισιτηρίων

shou piao yuan

μηχανικός

ji xie shi

καπετάνιος

chuan zhang

οδοντίατρος

ya yi

επιστήμονας

ke xue jia

ραβίνος

la bi

ιμάμης

yi ma mu

μοναχός

he shang

ιερέας

mu shi

εργαλεία
gong ju

σφυρί
tie chui
πένσα
qian zi
κατσαβίδι
luo si dao
Γαλλικό κλειδί
ban shou
φακός
shou dian tong

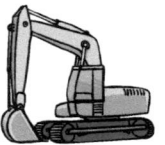

εκσκαφέας

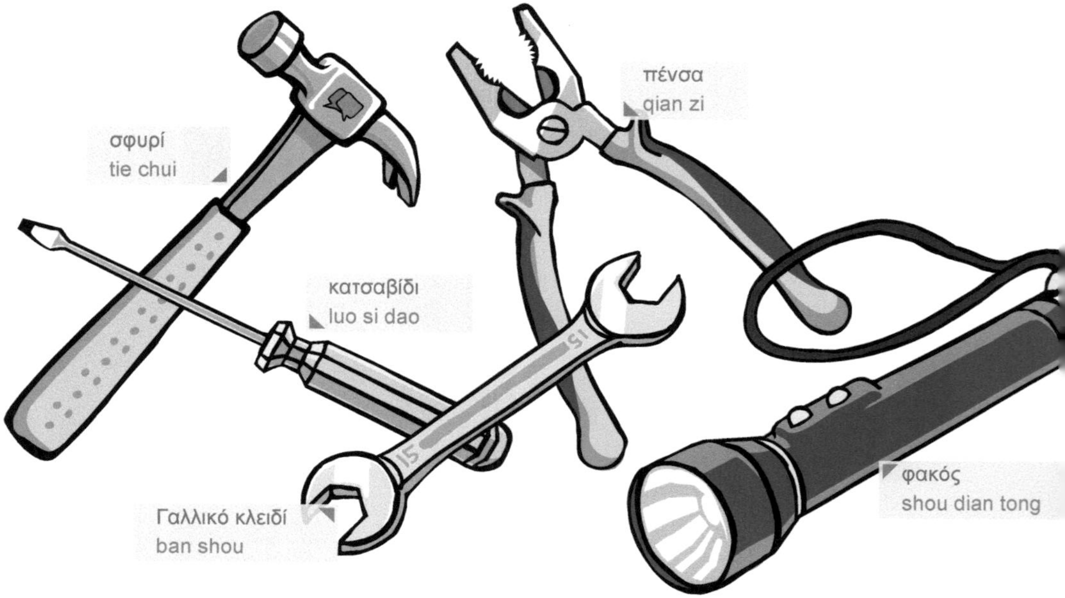

wa jue ji

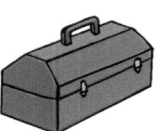

εργαλειοθήκη

gong ju xiang

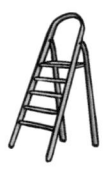

σκάλα

ti zi

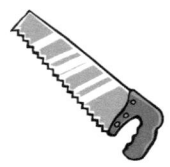

πριόνι

ju zi

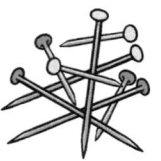

καρφιά

ding zi

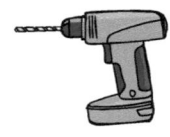

τρυπάνι

zuan ji

επισκευάζω
xiu

φτυάρι
chan zi

Να πάρει!
kao!

φαράσι
bo ji

δοχείο χρωμάτων
you qi tong

βίδες
luo si

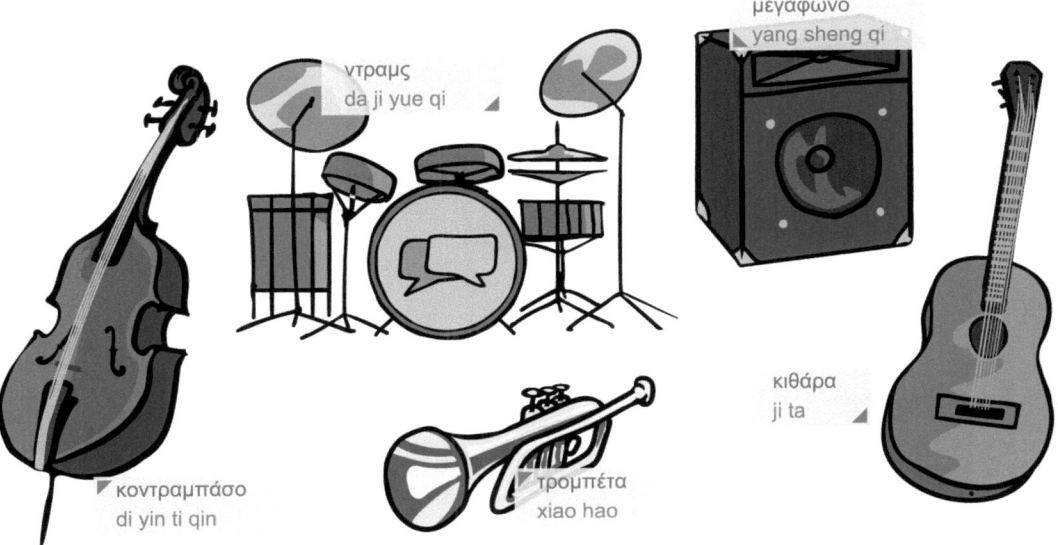

μεγάφωνο
yang sheng qi

ντραμς
da ji yue qi

κιθάρα
ji ta

κοντραμπάσο
di yin ti qin

τρομπέτα
xiao hao

πιάνο

gang qin

βιολί

xiao ti qin

μπάσο

bei si

τύμπανα

ding yin gu

τύμπανο

gu

πλήκτρα

dian zi qin

σαξόφωνο

sa ke si guan

φλάουτο

chang di

μικρόφωνο

mai ke feng

ζωολογικός κήπος
dong wu yuan

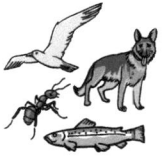

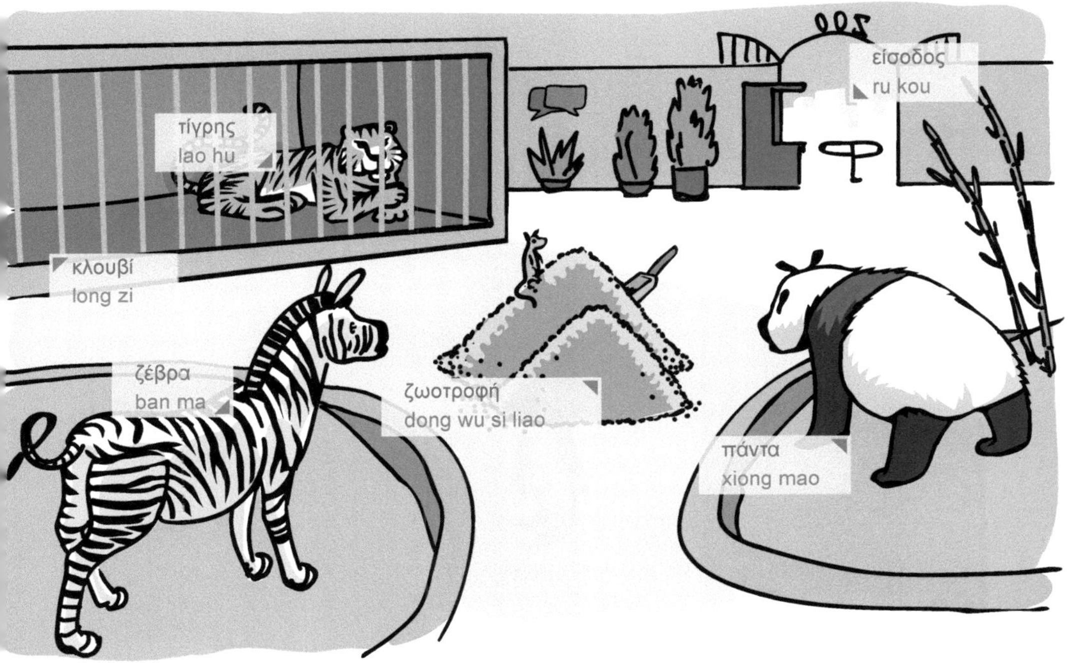

τίγρης
lao hu
είσοδος
ru kou
κλουβί
long zi
ζέβρα
ban ma
ζωοτροφή
dong wu si liao
πάντα
xiong mao

ζώα

dong wu

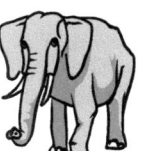

ελέφαντας

da xiang

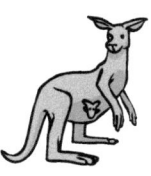

καγκουρό

dai shu

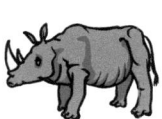

ρινόκερος

xi niu

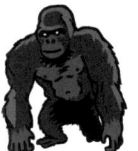

γορίλας

da xing xing

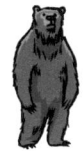

αρκούδα

xiong

καμήλα

luo tuo

στρουθοκάμηλος

tuo niao

λιοντάρι

shi zi

πίθηκος

hou zi

φλαμίνγκο

huo lie niao

παπαγάλος

ying wu

πολική αρκούδα

bei ji xiong

πιγκουίνος

qi e

καρχαρίας

sha yu

παγώνι

kong que

φίδι

she

κροκόδειλος

e yu

φύλακας ζωολογικού κήπου

dong wu yuan guan li yuan

φώκια

hai bao

τζάγκουαρ

mei zhou bao

πόνυ

ai zhong ma

λεοπάρδαλη

bao

ιπποπόταμος

he ma

καμηλοπάρδαλη

chang jing lu

αετός

lao ying

αγριογούρουνο

ye zhu

ψάρι

yu

χελώνα

gui

θαλάσσιος ίππος

hai xiang

αλεπού

hu li

γαζέλα

ling yang

Αμερικάνικο ποδόσφαιρο
gan lan qiu

ποδηλασία
qi zi xing che

αντισφαίριση
wang qiu

μπάσκετ
lan qiu

κολύμβηση
you yong

πυγχαμία
quan ji

χόκεϋ επί πάγου
bing qiu

ποδόσφαιρο
ying shi zu qiu

μπάντμιντον
yu mao qiu

στίβος
tian jing

χάντμπολ
shou qiu

σκι
hua xue

πόλο
ma qiu

γελάω
xiao

πηδάω
tiao

αγκαλιάζω
yong bao

περπατάω
zou lu

τραγουδάω
chang

ονειρεύομαι
zuo meng

προσεύχομαι
qi dao

φιλάω
qin wen

γράφω
shu xie

σχεδιάζω
hua

δείχνω
zhan shi

πιέζω
tui

δίνω
gei

παίρνω
na

έχω

you

κάνω

zuo

είμαι

dang

στέκομαι

zhan

τρέχω

pao

τραβάω

la

ρίχνω

reng

πέφτω

shuai dao

ξαπλώνω

tang

περιμένω

deng dai

κουβαλώ

xie dai

κάθομαι

zuo

φοράω

chuan yi

κοιμάμαι

shui jiao

ξυπνάω

xing lai

κοιτάω

kan

κλαίω

ku

χαϊδεύω

fu mo

χτενίζω

shu tou

μιλάω

jiao tan

καταλαβαίνω

ming bai

ρωτάω

wen

ακούω

ting

πίνω

he

τρώω

chi

συγυρίζω

qing li

αγαπάω

ai

μαγειρεύω

zuo fan

οδηγώ

kai che

πετάω

fei

κάνω ιστιοπλοΐα

hang xing

υπολογίζω

ji suan

διαβάζω

du

μαθαίνω

xue xi

δουλεύω

gong zuo

παντρεύομαι

jie hun

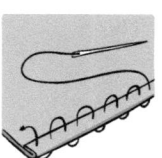

ράβω

feng

βουρτσίζω τα δόντια

shua ya

σκοτώνω

sha

καπνίζω

chou yan

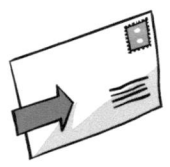

στέλνω

ji

γιαγιά
zu mu

παππούς
zu fu

πατέρας
fu qin

μητέρα
mu qin

μωρό
ying tong

κόρη
nü er

γιος
er zi

καλεσμένος

ke ren

θεία

a yi

θείος

shu shu

αδελφός

xiong di

αδελφή

jie mei

σώμα

shen ti

μέτωπο
qian e
μάτι
yan jing
ώμος
jian bang
δάχτυλο
shou zhi
πρόσωπο
lian
πιγούνι
xia ba
χέρι
shou
πόδι
tui
στήθος
ru fang
βραχίονας
shou bi

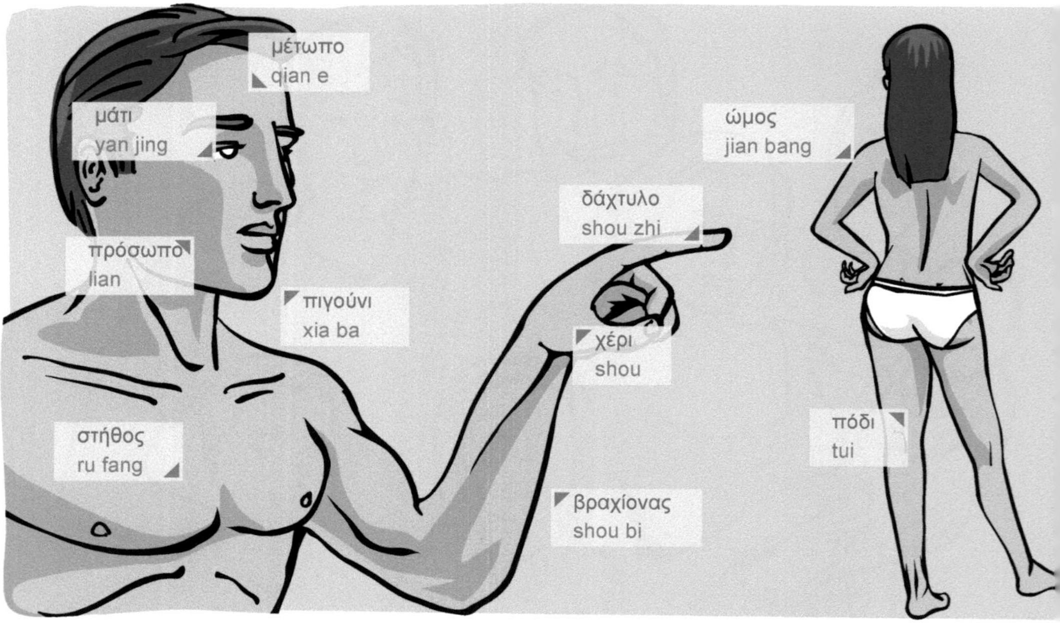

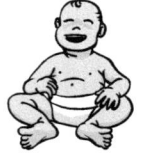

μωρό

ying tong

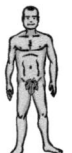

άνδρας

nan ren

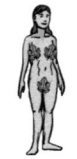

γυναίκα

nü ren

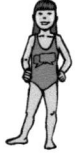

κορίτσι

nü hai

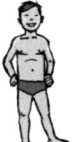

αγόρι

nan hai

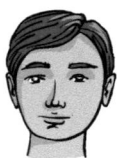

κεφάλι

tou

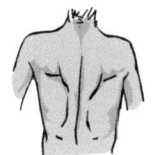

πλάτη

bei bu

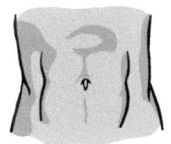

κοιλιά

du zi

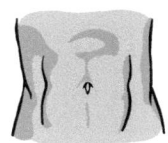

αφαλός

du qi

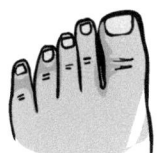

δάχτυλο ποδιού

jiao zhi

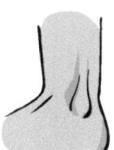

φτέρνα

jiao hou gen

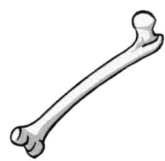

κόκκαλο

gu tou

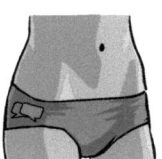

γοφός

tun bu

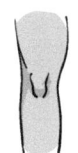

γόνατο

xi gai

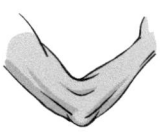

αγκώνας

shou zhou

μύτη

bi zi

γλουτός

pi gu

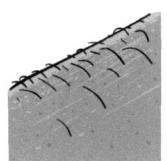

δέρμα

pi fu

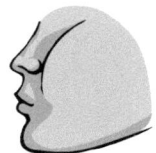

μάγουλο

lian jia

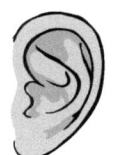

αυτί

er duo

χείλος

zui chun

σώμα - shen ti

στόμα

zui

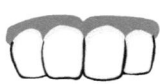

δόντι

ya chi

γλώσσα

she tou

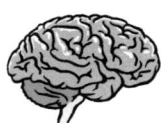

εγκέφαλος

nao

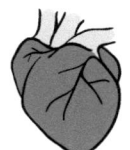

καρδιά

xin zang

μυς

ji rou

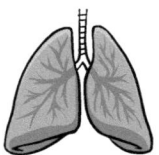

πνεύμονας

fei

συκώτι

gan zang

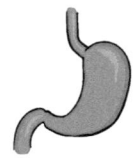

στομάχι

wei

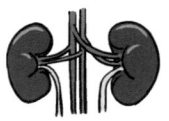

νεφρά

shen zang

σεξουαλική επαφή

xing jiao

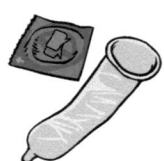

προφυλακτικό

bi yun tao

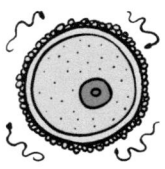

ωάριο

luan zi

σπέρμα

jing zi

εγκυμοσύνη

huai yun

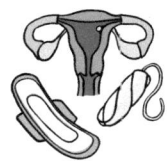

περίοδος

yue jing

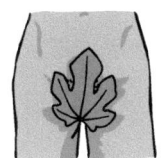

γυναικείος κόλπος

yin dao

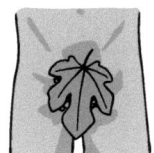

πέος

yin jing

φρύδι

mei mao

μαλλιά

tou fa

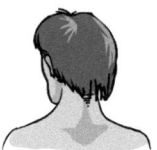

λαιμός

bo zi

νοσοκομείο
yi yuan

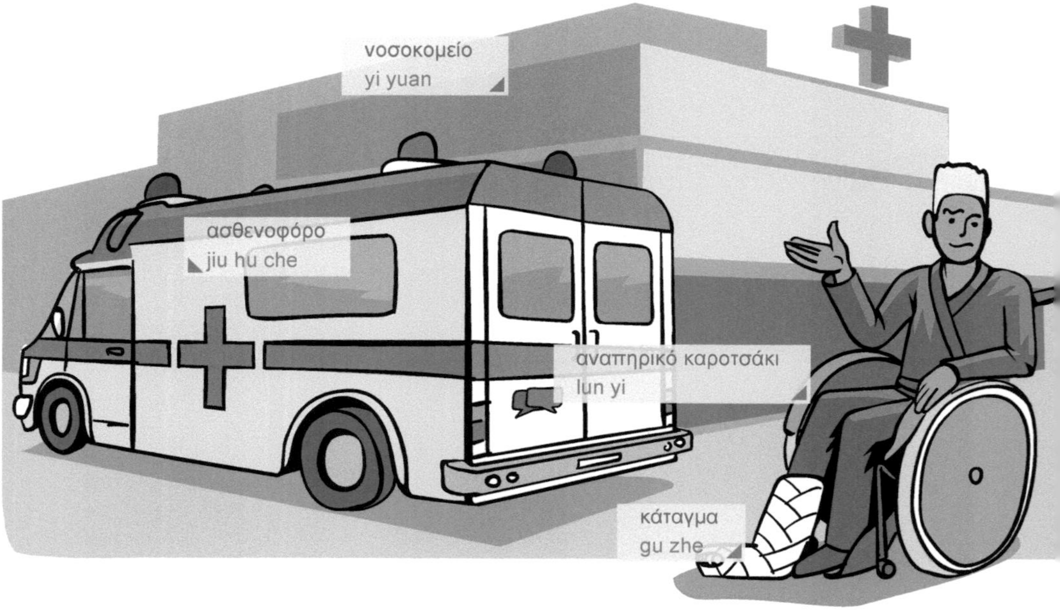

νοσοκομείο
yi yuan
ασθενοφόρο
jiu hu che
αναπηρικό καροτσάκι
lun yi
κάταγμα
gu zhe

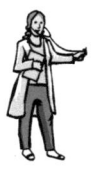

γιατρός

yi sheng

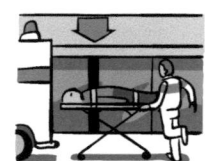

μονάδα εντατικής θεραπείας

ji zhen shi

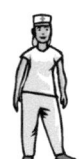

νοσοκόμα

hu shi

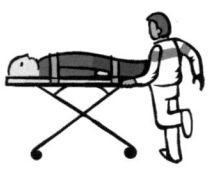

έκτακτη ανάγκη

jin ji qing kuang

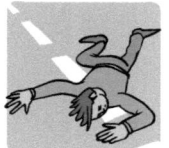

λιπόθυμος

hun mi

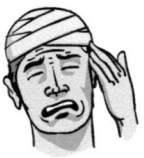

πόνος

tong

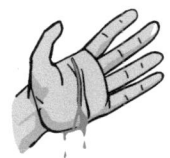

τραύμα

shou shang

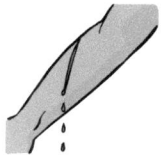

αιμορραγία

chu xue

έμφραγμα

xin zang bing fa zuo

εγκεφαλικό

zhong feng

αλλεργία

guo min

βήχας

ke sou

πυρετός

fa shao

γρίπη

liu gan

διάρροια

fu xie

πονοκέφαλος

tou tong

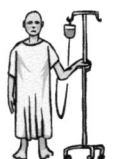

καρκίνος

ai zheng

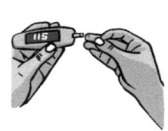

διαβήτης

tang niao bing

χειρουργός

wai ke yi sheng

νυστέρι

shou shu dao

εγχείρηση

shou shu

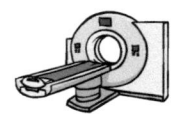

αξονική τομογραφία

CT

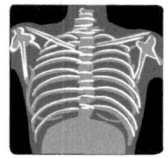

ακτινογραφία

X guang

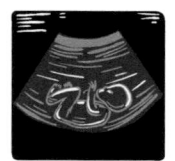

υπέρηχος

chao sheng bo

μάσκα

kou zhao

ασθένεια

ji bing

αίθουσα αναμονής

hou zhen shi

πατερίτσα

guai zhang

χάνσαπλαστ

shi gao

επίδεσμος

beng dai

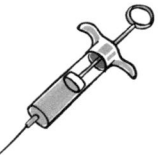

ένεση

zhu she

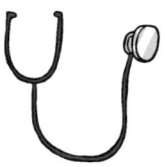

στηθοσκόπιο

ting zhen qi

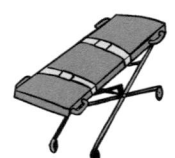

φορείο

dan jia

θερμόμετρο

ti wen ji

γέννηση

chu sheng

υπέρβαρο

chao zhong

ακουστικό βαρηκοΐας

zhu ting qi

αντισηπτικό

xiao du ye

λοίμωξη

gan ran

ιός

bing du

HIV/AIDS

ai zi bing

φάρμακο

yao wu

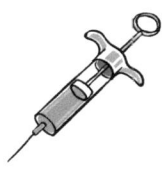

εμβολιασμός

jie zhong yi miao

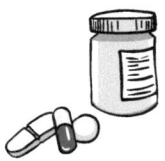

δισκία

yao pian

χάπι

yao wan

κλήση έκτακτης ανάγκης

ji jiu dian hua

πιεσόμετρο αίματος

xue ya ji

άρρωστος / υγιής

sheng bing/jian kang

Βοήθεια!

jiu ming!

συναγερμός

jing bao

βιαιοπραγία

tu ji

επίθεση

gong ji

κίνδυνος

wei xian

έξοδος κινδύνου

jin ji chu kou

Φωτιά!

zhao huo la!

πυροσβεστήρας

mie huo qi

ατύχημα

yi wai

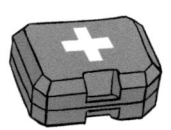

κουτί πρώτων βοηθειών

ji jiu xiang

SOS

hu jiu xin hao

αστυνομία

jing cha

Ευρώπη

ou zhou

Βόρεια Αμερική

bei mei zhou

Νότια Αμερική

nan mei zhou

Αφρική

fei zhou

Ασία

ya zhou

Αυστραλία

ao zhou

Ατλαντικός Ωκεανός

da xi yang

Ειρηνικός Ωκεανός

tai ping yang

Ινδικός Ωκεανός

yin du yang

Ανταρκτικός Ωκεανός

nan bing yang

Αρκτικός Ωκεανός

bei bing yang

Βόρειος Πόλος

bei ji

Νότιος Πόλος

nan ji

Ανταρκτική

nan ji zhou

Γη

di qiu

γη

lu di

θάλασσα

hai

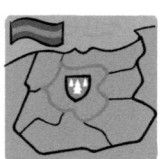

νησί

dao

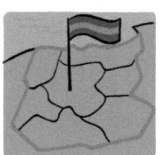

έθνος

guo jia

πολιτεία

guo jia

καντράν ρολογιού

zhong mian

ωροδείκτης

shi zhen

λεπτοδείκτης

fen zhen

δείκτης δευτερολέπτων

miao zher

Τι ώρα είναι;

xian zai ji dian?

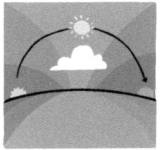

ημέρα

tian

χρόνος

shi jian

τώρα

xian zai

ψηφιακό ρολόι

dian zi biao

λεπτό

fen

ώρα

shi

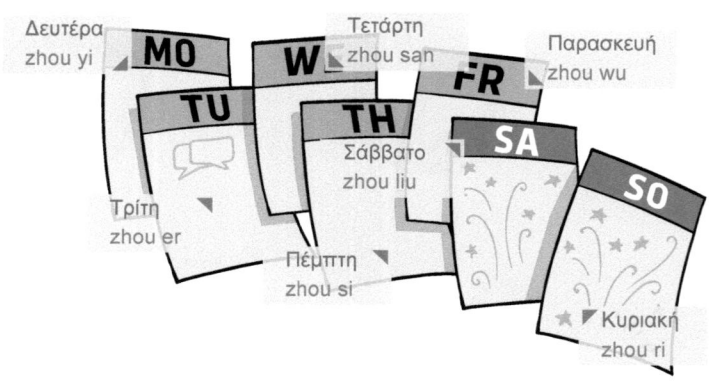

Δευτέρα
zhou yi

Τετάρτη
zhou san

Παρασκευή
zhou wu

Τρίτη
zhou er

Σάββατο
zhou liu

Πέμπτη
zhou si

Κυριακή
zhou ri

χθες
zuo tian

σήμερα
jin tian

αύριο
ming tian

πρωί
zao chen

μεσημέρι
zhong wu

βράδυ
wan shang

MO	TU	WE	TH	FR	SA	SU
1	2	3	4	5	6	7
8	9	10	11	12	13	14
15	16	17	18	19	20	21
23	23	24	25	26	27	28
29	30	31	1	2	3	4

εργάσιμες ημέρες
gong zuo ri

MO	TU	WE	TH	FR	SA	SU
1	2	3	4	5	6	7
8	9	10	11	12	13	14
15	16	17	18	19	20	21
22	23	24	25	26	27	28
29	30	31	1	2	3	4

Σαββατοκύριακο
zhou mo

έτος
nian

βροχή
yu
ουράνιο τόξο
cai hong
χιόνι
xue
άνεμος
feng
άνοιξη
chun
φθινόπωρο
qiu
καλοκαίρι
xia
χειμώνας
dong

4.APRIL 11°
5.APRIL 4°
6.APRIL 13°
7.APRIL 8°
8.APRIL 10°

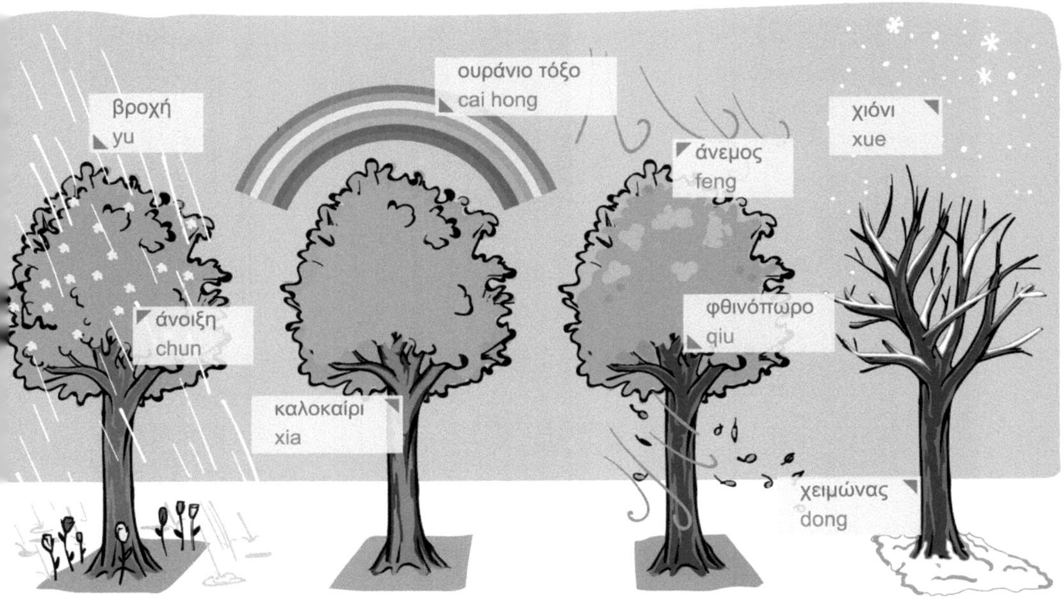

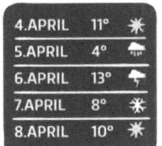

πρόγνωση καιρού

tian qi yu bao

F
C
120
90
60
30
0
-30
40
30
20
10
0
-10
-20

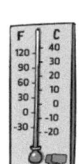

θερμόμετρο

wen du ji

λιακάδα

yang guang

σύννεφο

yun

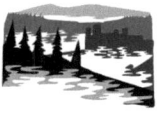

ομίχλη

wu

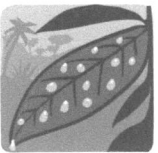

υγρασία

chao shi

αστραπή

shan dian

κεραυνός

da lei

καταιγίδα

feng bao

χαλάζι

bing bao

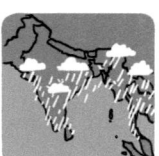

μουσώνας

ji feng

πλημμύρα

hong shui

πάγος

bing

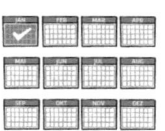

Ιανουάριος

yi yue

Φεβρουάριος

er yue

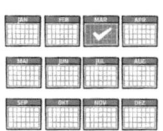

Μάρτιος

san yue

Απρίλιος

si yue

Μάιος

wu yue

Ιούνιος

liu yue

Ιούλιος

qi yue

Αύγουστος

ba yue

έτος - nian

Σεπτέμβριος

jiu yue

Οκτώβριος

shi yue

Νοέμβριος

shi yi yue

Δεκέμβριος

shi er yue

σχήματα
xing zhuang

κύκλος

yuan xing

τετράγωνο

zheng fang xing

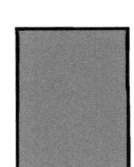

ορθογώνιο
παραλληλόγραμμο
chang fang xing

τρίγωνο

san jiao xing

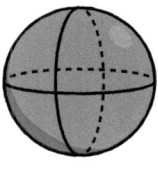

σφαίρα

qiu ti

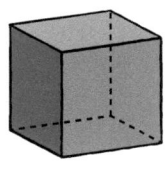

κύβος

li fang ti

άσπρο

bai

κίτρινο

huang

πορτοκαλί

cheng

ροζ

fen

κόκκινο

hong

μωβ

zi

μπλε

lan

πράσινο

lü

καφέ

zong

γκρι

hui

μαύρο

hei

πολύ / λίγο

hen duo/shao xu

θυμωμένος / ήρεμος

sheng qi/ping jing

όμορφος / άσχημος

mei/chou

αρχή / τέλος

shou/wei

μεγάλος / μικρός

da/xiao

φωτεινός / σκοτεινός

ming/an

αδελφός / αδελφή

xiong di/jie mei

καθαρός / λερωμένος

gan jing/ang zang

πλήρης / ατελής

wan zheng/que shi

ημέρα / νύχτα

bai tian/wan shang

νεκρός / ζωντανός

si/sheng

φαρδύς / στενός

kuan/zhai

βρώσιμος / μη βρώσιμος

ke shi yong/fei shi yong

κακός / ευγενικός

xie e/shan liang

ενθουσιασμένος / βαριεστημένος

xing fen/wu liao

παχύς / λεπτός

pang/shou

πρώτος / τελευταίος

di yi/zui hou

φίλος / εχθρός

peng you/di ren

γεμάτος / άδειος

man/kong

σκληρός / μαλακός

ying/ruan

βαρύς / ελαφρύς

zhong/qing

πείνα / δίψα

e/ke

άρρωστος / υγιής

sheng bing/jian kang

παράνομος / νόμιμος

fei fa/he fa

έξυπνος / χαζός

cong ming/yu ben

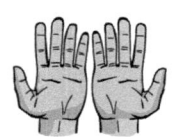

αριστερός / δεξιός

zuo/you

κοντινός / μακρινός

jin/yuan

καινούριος /
μεταχειρισμένος

xin/jiu

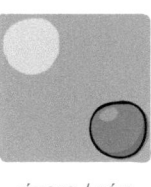

τίποτα / κάτι

mei you/you xie

γέρος | νέος

lao/you

αναμμένος / σβηστός

kai/guan

ανοιχτός / κλειστός

da kai/he shang

χαμηλόφωνος /
μεγαλόφωνος
an jing/chao nao

πλούσιος / φτωχός

fu/qiong

σωστός / λανθασμένος

dui/cuo

τραχύς / λείος

cu cao/guang hua

λυπημένος / χαρούμενος

shang xin/gao xing

κοντός / μακρύς

duan/chang

αργός / γρήγορος

man/kuai

υγρός / στεγνός

shi/gan

ζεστός / δροσερός

wen nuan/liang shuang

πόλεμος / ειρήνη

zhan zheng/he ping

0

μηδέν

ling

1

ένα

yi

2

δύο

er

3

τρία

san

4

τέσσερα

si

5

πέντε

wu

6

έξι

liu

7

εφτά

qi

8

οκτώ

ba

9

εννιά

jiu

10

δέκα

shi

11

έντεκα

shi yi

12
δώδεκα
shi er

13
δεκατρία
shi san

14
δεκατέσσερα
shi si

15
δεκαπέντε
shi wu

16
δεκαέξι
shi liu

17
δεκαεφτά
shi qi

18
δεκαοκτώ
shi ba

19
δεκαεννέα
shi jiu

20
είκοσι
er shi

100
εκατό
bai

1.000
χίλια
qian

1.000.000
εκατομμύριο
bai wan

αριθμοί - shu zi

Αγγλικά

ying yu

Αμερικάνικα Αγγλικά

mei shi ying yu

Μανδαρίνικα Κινέζικα

pu tong hua

Χίντι

yin di yu

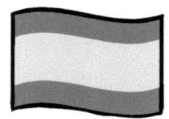

Ισπανικά

xi ban ya yu

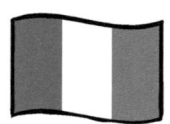

Γαλλικά

fa yu

Αραβικά

a la bo yu

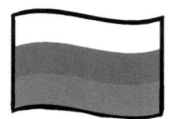

Ρώσικα

e yu

Πορτογαλικά

pu tao ya yu

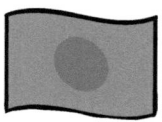

Μπενγκάλι

feng jia la yu

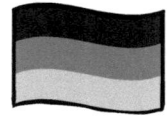

Γερμανικά

de yu

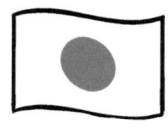

Ιαπωνικά

ri yu

εγώ

wo

εσύ

ni

αυτός / αυτή / αυτό

ta/ta/ta

εμείς

wo men

εσείς

ni men

αυτοί / αυτές / αυτά

ta men

ποιος / ποια / ποιο;

shei?

τι;

shen me?

πώς;

zen yang?

πού;

na li?

πότε;

shen me shi hou?

όνομα

ming zi

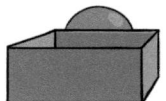

πίσω

hou mian

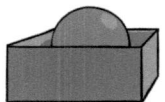

μέσα

li mian

μπροστά

qian mian

πάνω από

shang fang

πάνω

shang mian

κάτω

xia mian

δίπλα

pang bian

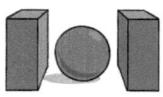

ανάμεσα

zhong jian

μέρος

di dian